Kasih:
Pemenuhan Hukum Taurat

Kasih:
Pemenuhan Hukum Taurat

~

Dr. Jaerock Lee

Kasih: Pemenuhan Hukum Taurat oleh Dr. Jaerock Lee
Diterbitkan oleh Urim Books (Perwakilan: Sungnam Vin)
73, Yeouidaebang-ro 22-gil, Dongjak-Gu, Seoul, Korea
www.urimbooks.com

Semua hak dilindungi. Buku ini atau bagian daripadanya tidak dapat direproduksi dalam bentuk apa pun, disimpan dalam sistem pengambilan, atau dikirim dalam bentuk apa pun atau dengan cara apa pun, elektronik, mekanik, fotokopi, rekaman, atau lainnya, tanpa izin tertulis dari penerbit.

Hak Cipta © 2020 oleh Dr. Jaerock Lee
ISBN: 979-11-263-0530-8 03230
Hak Cipta Terjemahan © 2013 oleh Dr. Esther K. Chung. Digunakan dengan izin.

Pertama diterbitkan bulan Februari 2020

Sebelumnya diterbitkan dalam bahasa Korea tahun 2009 oleh Urim Books di Seoul, Korea

Diedit oleh Dr. Geumsun Vin
Dirancang oleh Editorial Biro Urim Books
Dicetak oleh Prione Printing
Untuk informasi lebih lanjut hubungi: urimbook@hotmail.com

"Kasih tidak berbuat jahat terhadap sesama manusia; karena itu kasih adalah kegenapan hukum Taurat."

Roma 13:10

Kata Pengantar

Berharap agar para pembaca dapat memiliki Yerusalem Baru melalui kasih rohani

Perusahaan iklan di Inggris memberikan sebuah kuis kepada masyarakat umum meminta cara tercepat untuk melakukan perjalanan dari Edinburgh, Skotlandia, ke London. Mereka akan memberikan hadiah besar kepada orang yang jawabannya dipilih. Jawaban yang benar-benar dipilih adalah 'melakukan perjalanan dengan orang yang dicintai'. Kita mengerti bahwa jika kita bepergian dengan ditemani orang yang kita kasihi, bahkan jarak jauh akan terasa pendek. Dengan cara yang sama, jika kita mengasihi Allah, tidak terlalu sulit bagi kita untuk melakukan Firman-Nya (1 Yohanes 5:3). Allah tidak memberikan kepada kita Hukum dan tidak menyuruh kita memelihara perintah-Nya untuk menyulitkan kita.

Kata 'Hukum' berasal dari kata Ibrani 'Taurat', yang memiliki arti 'Undang-Undang', dan 'pelajaran'. Taurat biasanya mengacu pada Pentateuch yang mencakup Sepuluh Perintah Allah. Namun, "Hukum" juga merujuk pada 66 kitab dalam Alkitab secara keseluruhan, atau hanya undang-undang Allah yang menyuruh kita untuk melakukan, jangan melakukan, memelihara, atau membuang hal-hal tertentu. Orang mungkin berpikir bahwa hukum dan kasih tidak berhubungan dengan satu sama lain, tetapi keduanya tidak dapat dipisahkan. Kasih adalah milik Allah, dan tanpa mengasihi Allah maka kita tidak bisa menaati Hukum Taurat sepenuhnya. Hukum bisa digenapi hanya kalau kita melakukannya dengan kasih.

Ada adalah sebuah cerita yang menunjukkan kepada kita kekuatan kasih. Seorang pemuda jatuh saat dia terbang melintasi gurun dengan pesawat kecil. Ayahnya adalah seorang yang sangat kaya, dan dia menyewa tim pencari serta penyelamat untuk mencari anaknya, tapi semua itu sia-sia. Jadi ia menyebar jutaan selebaran di padang gurun. Apa yang ia tulis dalam selebaran itu adalah 'Putraku, ayah mengasihimu.' Sang anak, yang berkelana di padang gurun, menemukan selembar selebaran itu dan memperoleh keberanian yang membuatnya dapat untuk diselamatkan pada akhirnya. Kasih sejati sang ayah menyelamatkan anaknya. Sama seperti ayah yang menyebarkan selebaran di seluruh gurun, kita juga punya kewajiban untuk menyebarkan kasih Allah kepada jiwa-jiwa yang tak terhitung jumlahnya.

Allah membuktikan kasih-Nya dengan mengirimkan Anak tunggal-Nya, Yesus, ke dunia ini untuk menyelamatkan manusia yang berdosa. Tapi kaum legalis pada masa Yesus hanya terfokus pada formalitas Hukum dan mereka tidak memahami kasih Allah yang benar. Akhirnya, mereka menghukum Anak tunggal Allah, Yesus, sebagai seorang penghujat yang telah melanggar Hukum Taurat dan mereka menyalibkan-Nya. Mereka tidak memahami kasih Allah yang tertanam di dalam Hukum tersebut.

Dalam 1 Korintus pasal 13 ini juga digambarkan contoh 'kasih rohani'. Ini memberi tahu kita tentang kasih Allah yang mengutus Anak tunggal-Nya untuk menyelamatkan kita yang ditakdirkan untuk mati karena dosa, dan kasih Tuhan yang mengasihi kita sampai ke titik meninggalkan segala kemuliaan surgawi-Nya dan mati di kayu salib. Jika kita juga ingin menyampaikan kasih Allah kepada banyak jiwa-jiwa sekarat di dunia, kita harus menyadari kasih rohani ini dan melakukannya.

"Aku memberikan perintah baru kepada kamu, yaitu supaya kamu saling mengasihi; sama seperti Aku telah mengasihi kamu demikian pula kamu harus saling mengasihi. Dengan demikian semua orang akan tahu, bahwa kamu adalah murid-murid-Ku, yaitu jikalau kamu saling mengasihi" (Yohanes 13:34-35).

Sekarang buku ini telah diterbitkan sehingga pembaca dapat memeriksa sejauh mana mereka telah menanam kasih rohani dan sejauh mana mereka telah mengubah diri mereka sendiri dengan kebenaran. Saya berterima kasih kepada Vin Geumsun, Direktur Biro editorial dan staf, dan saya berharap semua pembaca akan memenuhi Hukum Taurat dengan kasih dan pada akhirnya memiliki Yerusalem Baru, tempat tinggal surgawi yang paling indah.

Jaerock Lee

Pendahuluan

Berharap bahwa melalui kebenaran Allah maka pembaca akan diubahkan oleh penanaman kasih yang sempurna

Sebuah saluran TV melakukan penelitian kuesioner pada wanita menikah. Pertanyaannya adalah apakah mereka ingin menikahi suami yang sama jika mereka bisa memilih suami mereka lagi atau tidak. Hasilnya mengejutkan. Hanya 4% wanita ingin memilih suami yang sama. Mereka pastinya telah menikahi suami mereka karena mencintai para pria itu, tetapi mengapa mereka bisa berubah pikiran seperti itu? Ini karena mereka tidak mengasihi dengan kasih rohani. Tulisan ini *Kasih: Pemenuhan Hukum Taurat* akan mengajar kita tentang kasih rohani ini.

Di bagian 1 "Makna dari Kasih", tulisan ini membahas tentang berbagai bentuk kasih yang ditemukan antara suami dan istri, orangtua dan anak, serta di antara teman-teman dan sesama, sehingga memberikan kita gambaran tentang perbedaan antara kasih kedagingan dan kasih rohani. Kasih rohani adalah untuk mengasihi orang lain dengan tidak berubah hati dan tidak menginginkan apa pun sebagai balasannya. Sebaliknya, kasih kedagingan berubah dalam situasi dan keadaan yang berbeda, dan untuk alasan ini maka kasih rohani berharga dan indah.

Bagian 2 "Kasih seperti di dalam Pasal Kasih", mengkategorikan 1 Korintus 13 menjadi tiga bagian. Bagian pertama, 'Jenis Kasih yang Allah Inginkan' (1 Korintus 13:1-3), adalah pendahuluan terhadap pasal yang menempatkan penekanan pada pentingnya kasih rohani ini. Bagian kedua, 'Karakteristik Kasih' (1 Korintus 13:4-7), adalah bagian utama dari pasal kasih, dan hal itu menjelaskan 15 karakteristik kasih rohani. Bagian ketiga, 'Kasih Sempurna', adalah kesimpulan dari pasal kasih, yang memungkinkan kita tahu bahwa iman dan pengharapan diperlukan hanya sementara, saat kita berbaris menuju kerajaan surga selama hidup kita di dunia ini, sedangkan kasih berlangsung selamanya bahkan dalam Kerajaan Surga.

Bagian 3, "Kasih adalah Penggenapan Hukum Taurat", menjelaskan apa yang dimaksud dengan menggenapi Hukum Taurat dengan kasih. Ini juga memberikan kasih Allah yang menanam kita manusia di bumi ini dan kasih Kristus yang membuka jalan keselamatan bagi kita.

'Pasal Kasih' adalah hanya satu pasal di antara 1.189 pasal yang ada di Alkitab. Tapi seperti sebuah peta harta karun yang menunjukkan bagaimana untuk menemukan sejumlah besar harta, pasal itu mengajarkan kita jalan menuju ke Yerusalem baru secara rinci. Meskipun kita memiliki peta dan kita tahu jalan, hal ini tidak ada gunanya jika kita tidak benar-benar pergi ke jalan yang diberikan. Yaitu, tidak ada gunanya jika kita tidak mempraktikkan kasih rohani.

Allah senang dengan kasih rohani, dan kita dapat memiliki kasih rohani ini sejauh kita mendengar dan melakukan Firman Allah yang merupakan Kebenaran. Setelah kita memiliki kasih rohani, kita dapat menerima kasih dan berkat-berkat Allah, dan memasuki Yerusalem Baru, tempat kediaman yang paling indah di surga pada akhirnya nanti. Kasih adalah tujuan akhir Allah menciptakan manusia dan memelihara mereka. Saya berdoa agar semua pembaca akan mengasihi Allah terlebih dulu dan mengasihi sesama mereka seperti diri mereka sendiri sehingga mereka bisa mendapatkan kunci untuk membuka gerbang mutiara Yerusalem Baru.

Geumsun Vin
Direktur Biro Editorial

Daftar isi — *Kasih: Pemenuhan Hukum Taurat*

Kata Pengantar · VII

Pendahuluan · XI

Bagian 1 Makna dari Kasih

Bab 1: Kasih Rohani · 2

Bab 2: Kasih Kedagingan · 10

Bagian 2 Kasih seperti di dalam Pasal Kasih

Bab 1: Jenis Kasih yang Allah Inginkan · 26

Bab 2: Karakteristik Kasih · 46

Bab 3: Kasih yang Sempurna · 180

Bagian 3 Kasih adalah Penggenapan Hukum Taurat

Bab 1: Kasih Allah · 194

Bab 2: Kasih Kristus · 208

"Jikalau kamu mengasihi orang yang mengasihi kamu, apakah jasamu? Karena orang-orang berdosa pun mengasihi juga orang-orang yang mengasihi mereka."

Lukas 6:32

Bagian 1
Makna dari Kasih

Bab 1 : Kasih Rohani
Bab 2 : Kasih Kedagingan

Kasih Rohani

"Saudara-saudaraku yang kekasih,
marilah kita saling mengasihi,
sebab kasih itu berasal dari Allah;
dan setiap orang yang mengasihi,
lahir dari Allah dan mengenal Allah.
Barangsiapa tidak mengasihi,
ia tidak mengenal Allah, sebab Allah adalah kasih."
1 Yohanes 4:7-8

Hanya mendengar kata 'kasih' membuat jantung kita berdegup dan pikiran kita bergetar. Jika kita dapat mengasihi seseorang dan berbagi kasih sejati di sepanjang kehidupan kita, maka hidup kita dipenuhi dengan kebahagiaan di tingkat yang tertinggi. Kadang-kadang kita mendengar tentang orang-orang yang mengatasi situasi seolah kematian itu sendiri dan membuat hidup mereka menjadi indah melalui kekuatan kasih. Kasih adalah suatu keharusan untuk menjalani kehidupan yang bahagia; kasih memiliki kekuatan besar untuk mengubah hidup kita.

Kamus Online Merriam-Webster mendefinisikan kasih sebagai 'rasa sayang yang kuat kepada orang lain yang timbul dari ikatan kekeluargaan atau pribadi' atau 'rasa sayang berdasarkan kekaguman, kebajikan atau kepentingan bersama'. Tapi jenis kasih yang Allah bicarakan adalah kasih yang memiliki tingkatan yang lebih tinggi, yaitu kasih rohani. Kasih rohani mencari keuntungan bagi orang lain; kasih rohani memberikan sukacita, pengharapan, dan kehidupan bagi mereka, dan ia tidak pernah berubah. Selain itu, kasih rohani tidak hanya menguntungkan kita selama kehidupan duniawi yang sementara ini, tapi ia membawa pada keselamatan jiwa kita dan memberikan kita kehidupan kekal.

Cerita Tentang Seorang Wanita yang Membawa Suaminya ke Gereja

Ada seorang wanita yang setia dalam hidupnya sebagai seorang Kristen. Tetapi suaminya tidak seperti dirinya yang rajin ke gereja dan membuatnya menderita. Bahkan dalam kesulitan sedemikian dia tetap pergi ke pertemuan doa fajar setiap hari dan berdoa untuk suaminya. Suatu hari, dia pergi untuk berdoa di pagi hari membawa sepatu suaminya. Dengan memegang sepatu itu di dadanya, dia berdoa dengan air mata, "Allah, hari ini, hanya sepatu ini datang ke gereja, tapi kali berikutnya, biarkan pemilik sepatu ini datang ke gereja, juga."

Kemudian sesuatu yang menakjubkan terjadi. Suaminya datang ke gereja. Bagian dari cerita ini berlanjut sebagai berikut: Dari suatu titik waktu, setiap kali suaminya meninggalkan rumah untuk bekerja, dia merasa kehangatan di sepatunya. Dan suatu hari, ia melihat istrinya pergi ke suatu tempat dengan sepatunya dan mengikutinya. Ia pergi ke gereja.

Dia marah, tapi ia tidak bisa mengatasi rasa ingin tahunya. Dia harus mengetahui apa yang dilakukan istrinya di dalam gereja dengan sepatunya. Ketika ia diam-diam pergi ke gereja, istrinya berdoa memegang sepatu itu dekat ke dadanya. Ia mendengar doa istrinya itu, dan setiap kata dari doa itu adalah untuk kesejahteraan dan berkat-berkat bagi dirinya. Hatinya tergerak, dan dia tidak bisa menahan penyesalan karena telah memperlakukan istrinya sedemikian buruk. Akhirnya, si suami tergerak oleh kasih istrinya dan menjadi seorang Kristen yang saleh.

Kebanyakan istri dalam situasi semacam ini biasanya meminta saya untuk berdoa bagi mereka berkata, "Suami saya menyulitkan saya hanya karena saya datang ke gereja. Tolong berdoa untuk saya supaya suami saya akan berhenti menganiaya saya." Tapi kemudian saya akan menjawab, "Cepatlah kamu dikuduskan dan masuk ke dalam roh. Itu adalah cara untuk memecahkan masalah kamu." Mereka akan semakin banyak memberikan kasih rohani kepada suami mereka sejauh mana mereka membuang dosa dan masuk ke dalam roh. Apakah suami akan menyulitkan istri yang berkorban baginya dan melayani dia sepenuh hati?

Di masa lalu, istri akan menempatkan semua kesalahan kepada suaminya, tapi sekarang setelah diubahkan oleh kebenaran, dia mengakui bahwa dialah yang harus disalahkan dan kemudian merendahkan dirinya. Kemudian, terang rohani mengusir kegelapan dan suaminya dapat diubahkan juga. Siapa yang akan berdoa bagi orang lain yang menyulitkan mereka? Siapa yang akan mengorbankan dirinya untuk para tetangga yang diabaikan dan menyebarkan kasih sejati bagi mereka? Anak-anak Allah yang telah belajar kasih sejati dari Tuhan dapat memberikan kasih seperti itu kepada orang lain.

Kasih dan Persahabatan Daud dan Yonatan yang Tidak Berubah

Yonatan adalah anak Saul, raja pertama Israel. Ketika ia melihat Daud mengalahkan juara orang Filistin, Goliat, dengan umban dan batu, dia tahu Daud adalah seorang prajurit yang kepadanya Roh Allah telah datang. Karena dia sendiri adalah seorang jenderal tentara, hati Yonatan tertawan oleh keberanian Daud. Sejak saat itu Yonatan mengasihi Daud seperti dirinya sendiri dan mereka mulai membangun ikatan persahabatan yang sangat kuat. Yonatan sangat mengasihi Daud sehingga ia tidak menyayangkan apa-apa kalau itu untuk Daud.

Ketika Daud habis berbicara dengan Saul, berpadulah jiwa Yonatan dengan jiwa Daud; dan

Yonatan mengasihi dia seperti jiwanya sendiri. Pada hari itu Saul membawa dia dan tidak membiarkannya pulang ke rumah ayahnya. Yonatan mengikat perjanjian dengan Daud, karena ia mengasihi dia seperti dirinya sendiri. Yonatan menanggalkan jubah yang dipakainya, dan memberikannya kepada Daud, juga baju perangnya, sampai pedangnya, panahnya dan ikat pinggangnya (1 Samuel 18:1-4).

Yonatan adalah pewaris tahta sebagai anak pertama dari raja Saul, dan ia bisa dengan mudah membenci Daud karena Daud sangat dikasihi oleh orang banyak. Tapi dia tidak punya keinginan terhadap gelar raja. Tetapi sebaliknya ketika Saul mencoba untuk membunuh Daud mau menjaga tahtanya, Yonatan mempertaruhkan hidupnya untuk menyelamatkan Daud. Kasih demikian tidak pernah berubah sampai kematiannya. Ketika Yonatan meninggal di pertempuran Gilboa, David meratap, menangis, dan berpuasa sampai matahari terbenam.

Merasa susah aku karena engkau, saudaraku Yonatan, engkau sangat ramah kepadaku; bagiku cintamu lebih ajaib dari pada cinta perempuan (2 Samuel 1:26).

Setelah Daud menjadi raja, dia menemukan Mefiboset bin Yonatan, mengembalikan kepadanya semua milik Saul dan merawat dia seperti anaknyaya sendiri di Istana (2 Samuel 9). Seperti ini, kasih rohani adalah untuk mengasihi orang lain dengan hati yang tidak berubah dengan seluruh kehidupan seseorang, bahkan jika itu tidak menguntungkan dirinya melainkan malah menyebabkan kerugian bagi dirinya sendiri. Hanya bersikap baik dengan harapan mendapatkan sesuatu kembali bukanlah kasih sejati. Kasih rohani adalah dapat mengorbankan diri dan tetap memberi kepada orang lain tanpa syarat, dengan motif yang murni dan benar.

Kasih Allah dan Tuhan yang tidak berubah terhadap kita

Kebanyakan orang mengalami rasa sakit akibat patah hati karena kasih kedagingan di dalam kehidupan mereka. Ketika kita memiliki rasa sakit dan merasa kesepian karena kasih yang mudah berubah, ada seseorang yang menghibur kita dan menjadi teman kita. Dia adalah Tuhan. Ia dihina dan dihindari orang walaupun Ia tidak bersalah (Yesaya 53:3), sehingga dia memahami hati kita dengan sangat baik. Dia meninggalkan kemuliaan surgawi-Nya dan turun ke dunia ini untuk mengambil jalan penderitaan. Dengan demikian Ia menjadi penghibur dan teman sejati kita. Dia memberi kita kasih sejati sampai Ia mati di kayu salib.

Sebelum saya menjadi orang percaya kepada Allah, saya telah menderita banyak penyakit dan benar-benar mengalami rasa sakit dan kesepian yang disebabkan oleh kemiskinan. Setelah menjadi sakit selama selama tujuh tahun, semua yang tersisa dari saya adalah tubuh yang sakit, hutang yang semakin meningkat, hinaan orang, kesepian, dan rasa putus asa. Semua orang yang saya telah percayai dan dikasihi meninggalkan saya. Tetapi seseorang datang kepada saya ketika saya merasa benar-benar sendirian di seluruh alam semesta ini. Ia adalah Allah. Ketika saya bertemu Allah, saya disembuhkan dari semua penyakit saya sekaligus dan jadi menjalani kehidupan baru.

Kasih Allah kepada saya adalah hadiah gratis. Saya tidak mengasihi Dia duluan. Ia yang datang kepada saya terlebih dulu dan mengulurkan tangan-Nya kepada saya. Ketika saya mulai membaca Alkitab, saya bisa mendengar pernyataan kasih Allah kepada saya.

> *Dapatkah seorang perempuan melupakan bayinya, sehingga ia tidak menyayangi anak dari kandungannya? Sekalipun dia melupakannya, Aku tidak akan melupakan engkau. Lihat, Aku telah melukiskan engkau di telapak tangan-Ku; tembok-tembokmu tetap di ruang mata-Ku* (Yesaya 49:15-16).

> *Dengan ini kasih Allah dinyatakan dalam kita, bahwa Allah telah mengutus Anak-Nya yang tunggal ke dalam dunia supaya kita hidup oleh-Nya. Ini adalah kasih, bukan bahwa kita mengasihi Allah, tetapi bahwa Ia mengasihi kita dan mengutus Anak-Nya untuk menjadi pendamaian bagi dosa-dosa kita* (1 Yohanes 4:9-10).

Allah tidak meninggalkan saya bahkan ketika saya berjuang dalam penderitaan setelah semua orang meninggalkan saya. Ketika saya merasakan kasih-Nya, saya tidak bisa menghentikan air mata jatuh dari mata saya. Saya bisa merasakan bahwa kasih Allah benar karena rasa sakit yang saya derita. Sekarang, saya telah menjadi seorang pendeta, seorang hamba Allah, untuk menghibur hati banyak jiwa dan untuk membayar kembali kasih karunia Allah yang diberikan kepada saya.

Allah adalah kasih itu sendiri. Dia mengutus Anak Tunggal-Nya Yesus ke dunia ini bagi kita yang berdosa. Dan dia menunggu kita untuk datang ke kerajaan surga yang mana ia telah menempatkan begitu banyak hal yang indah dan berharga. Kita dapat merasakan kasih Allah yang lembut dan berlimpah jika kita akan membuka hati kita walau hanya sedikit.

> *Sebab apa yang tidak nampak dari pada-Nya, yaitu kekuatan-Nya yang kekal dan keilahian-Nya, dapat nampak kepada pikiran dari karya-Nya sejak dunia diciptakan, sehingga mereka tidak dapat berdalih* (Roma 1:20).

Mengapa Anda tidak memikirkan saja alam yang indah? Langit biru, laut jernih, dan semua pepohonan serta tumbuhan adalah hal yang dibuat Allah bagi kita sehingga ketika kita hidup di dunia ini dapat memiliki harapan untuk kerajaan surga sampai kita tiba di sana.

Dari gelombang yang menyentuh tepi pantai; bintang-bintang yang bersinar seolah-olah menari; guntur keras dari air terjun yang besar; dan hembusan angin yang berlalu, kita dapat merasakan nafas Allah mengatakan kepada kita "Aku mengasihimu." Karena kita telah dipilih sebagai anak-anak Allah pengasih ini, apa jenis kasih yang harus kita miliki? Kita harus memiliki kasih yang kekal dan benar dan bukan kasih tanpa makna yang berubah ketika situasi tidak menguntungkan kita.

Kasih Kedagingan

"Jikalau kamu mengasihi orang yang mengasihi kamu, apakah jasamu?
Karena orang-orang berdosapun mengasihi juga orang-orang yang mengasihi mereka."
Lukas 6:32

Seorang laki-laki berdiri di hadapan kerumunan besar, menghadap ke Danau Galilea. Riak-riak biru di laut belakang-Nya tampak seolah mereka menari dengan angin lembut di belakang Dia. Semua orang telah diam untuk mendengarkan kata-katanya. Kepada kerumunan orang-orang yang sedang duduk di sana-sini di bukit kecil, ia mengatakan kepada mereka untuk menjadi terang dan garam dunia dan mengasihi bahkan musuh mereka, dengan nada lembut namun tegas.

> *Apabila kamu mengasihi orang yang mengasihi kamu, apakah upahmu? Bukankah pemungut cukai juga berbuat demikian? Dan apabila kamu hanya memberi salam kepada saudara-saudaramu saja, apakah lebihnya dari pada perbuatan orang lain? Bukankah orang yang tidak mengenal Allah pun berbuat demikian?* (Matius 5:46-47).

Seperti yang dikatakan Yesus, orang-orang tidak percaya dan bahkan orang-orang yang jahat dapat menunjukkan kasih pada orang-orang yang bersikap baik kepada mereka dan yang bermanfaat bagi mereka. Ada juga kasih palsu, yang tampaknya baik di luar tetapi tidak sungguh-sungguh di dalam. Ini adalah kasih kedagingan yang berubah setelah beberapa waktu dan pecah berantakan sebagai akibat dari hal-hal yang bahkan remeh.

Kasih kedagingan dapat berubah setiap saat seiring berlalunya waktu. Jika situasi berubah atau kondisi berubah, kasih kedagingan dapat berubah. Orang sering cenderung mengubah sikap-sikap mereka sesuai dengan keuntungan atau manfaat yang diterima. Orang-orang memberi hanya setelah menerima sesuatu dari orang lain duluan, atau mereka memberi hanya jika hal itu tampaknya bermanfaat bagi diri mereka sendiri. Jika kita memberi dan ingin menerima jumlah yang sama kembali, atau jika kita merasa kecewa ketika orang lain tidak memberi kita apa-apa kembali, ini juga karena kita memiliki kasih kedagingan.

Kasih antara Orangtua dan Anak-Anak

Kasih orangtua yang terus memberi kepada anak-anak mereka menggerakkan hati orang banyak. Orangtua tidak mengatakan sulit setelah mengurus anak-anak mereka dengan segenap kekuatan mereka karena mereka mengasihi anak-anak mereka. Hal ini biasanya merupakan keinginan orangtua untuk memberikan hal-hal baik kepada anak mereka bahkan jika itu berarti mereka sendiri tidak dapat makan dengan baik atau memakai pakaian yang bagus. Namun, masih ada tempat di sudut hati orangtua yang mengasihi anak-anak mereka di mana mereka juga mencari keuntungan mereka sendiri.

Jika mereka benar-benar mengasihi anak-anak mereka, mereka harus mampu memberikan bahkan nyawa mereka tanpa ingin imbalan apa pun. Tetapi ada sebenarnya banyak orang tua yang membesarkan anak mereka untuk keuntungan dan kehormatan mereka sendiri. Mereka berkata, "Aku mengatakan ini untuk kebaikanmu sendiri", tetapi pada kenyataannya mereka berusaha mengendalikan anak-anak mereka dengan suatu cara untuk memenuhi keinginan mereka terhadap ketenaran, atau untuk keuntungan keuangan mereka juga. Ketika anak-anak memilih karir mereka atau menikah, jika mereka memilih pasangan yang tidak diterima orangtua, mereka sangat menentangnya dan menjadi kecewa. Ini membuktikan bahwa pengabdian dan pengorbanan mereka untuk anak-anak mereka adalah, bagaimanapun juga, bersyarat. Mereka mencoba untuk mendapatkan apa yang mereka inginkan melalui anak-anaknya sebagai imbalan kasih yang diberikan.

Kasih anak biasanya jauh lebih sedikit daripada kasih orangtua. Kata pepatah Korea, "Jika orangtua menderita penyakit untuk waktu yang lama, semua anak akan meninggalkan orang tua mereka." Jika orang tua sakit dan tua serta jika ada tanpa kesempatan untuk pulih, dan jika anak-anak harus mengurus mereka, mereka merasa semakin lebih sulit untuk menangani keadaan tersebut. Ketika mereka masih anak-anak kecil, mereka bahkan mengatakan sesuatu seperti, "Aku akan tidak menikah dan aku hanya akan hidup dengan kalian, ibu dan ayah." Mereka mungkin sungguh-sungguh berpikir mereka ingin hidup dengan orangtua mereka selama sisa hidup mereka. Tetapi ketika mereka tumbuh dewasa, mereka menjadi semakin kurang tertarik dengan orangtua mereka karena mereka sibuk berusaha untuk mencari nafkah. Hati orang-orang begitu mati rasa terhadap dosa di masa kini, dan kejahatan menjadi begitu umum sehingga kadang-kadang orangtua membunuh anak-anak mereka atau anak-anak membunuh orangtua mereka.

Kasih antara Suami dan Istri

Bagaimana tentang kasih antara pasangan menikah? Saat

mereka masih pacaran, mereka mengatakan semua kata-kata manis seperti, "Aku tidak bisa hidup tanpa kamu. Aku akan mencintaimu selamanya." Tapi apa yang terjadi setelah mereka menikah? Mereka membenci pasangan mereka dan berkata, "Aku tidak bisa menjalani hidup seperti yang kuinginkan karenamu. Kamu sudah menipuku."

Mereka dulunya menyatakan kasih mereka terhadap satu sama lain, tetapi setelah menikah, mereka sering menyebutkan perpisahan atau perceraian hanya karena mereka menganggap mereka latar belakang keluarga, pendidikan, atau kepribadian mereka tidak cocok. Jika makanan tidak sebaik yang suami inginkan, ia mengeluh kepada istrinya mengatakan, "Makanan apa ini? Tidak ada yang bisa dimakan!" Juga, jika suami tidak menghasilkan cukup uang, istri akan mengkritik suaminya dengan mengatakan hal-hal seperti, "Suami temanku sudah dipromosikan sebagai Direktur dan yang satu lagi untuk manajer eksekutif... Kapan kamu akan dipromosikan... dan teman lain membeli rumah yang lebih besar dan mobil baru, tapi bagaimana dengan kita? Kapan kita bisa memiliki barang-barang yang lebih bagus?"

Dalam statistik kekerasan domestik di Korea, hampir setengah dari semua pasangan yang sudah menikah menggunakan kekerasan terhadap pasangan mereka. Pasangan yang sudah menikah begitu banyak kehilangan kasih mula-mula mereka, dan sekarang mereka mulai membenci dan bertengkar dengan satu sama lain. Saat ini, ada beberapa pasangan yang putus selama bulan madu mereka! Durasi rata-rata waktu dari perkawinan ke perceraian juga menjadi semakin pendek. Mereka pikir mereka mengasihi pasangan mereka begitu besar, tetapi saat mereka hidup bersama mereka melihat poin negatif dalam diri satu sama lain. Karena cara mereka berpikir dan seleranya berbeda, mereka secara terus menerus bertabrakan dari satu hal ke yang lain. Seperti yang mereka lakukan ini, semua emosi mereka yang mereka anggap sebagai kasih mulai menjadi dingin.

Bahkan walaupun mereka mungkin tidak memiliki masalah jelas dengan masing-masing, mereka menjadi terbiasa dengan satu sama lain dan emosi dari kasih mula-mula itu menjadi dingin seiring berjalannya waktu. Kemudian, mereka mengarahkan mata mereka kepada laki-laki atau perempuan lain. Suami kecewa dengan istrinya yang terlihat lusuh di pagi hari, dan saat ia menjadi semakin tua berat badannya naik, dia merasa istrinya tidak menarik lagi. Kasih harus menjadi semakin dalam seiring berjalannya waktu, tetapi dalam kebanyakan kasus hal itu tidak terjadi. Bagaimanapun, perubahan dalam mereka mendukung fakta bahwa kasih ini adalah kasih kedagingan yang mencari keuntungan mereka sendiri.

Kasih antara Saudara

Kakak beradik yang lahir dari orangtua yang sama dan dibesarkan bersama-sama harus lebih dekat satu sama lain daripada orang lain. Mereka dapat mengandalkan satu sama lain untuk banyak hal karena mereka telah berbagi banyak hal dan mengakumulasi kasih untuk satu sama lain. Tetapi beberapa saudara memiliki rasa persaingan di antara mereka dan menjadi cemburu terhadap saudara dan saudarinya.

Anak sulung mudah merasa bahwa sebagian kasih orangtua

yang seharusnya diberikan kepada mereka sekarang diambil dan diberikan kepada adik mereka. Anak-anak kedua mungkin merasa tidak stabil karena mereka merasa bahwa mereka lebih rendah dari kakak laki-laki atau kakak perempuan mereka. Saudara-saudara kandung ini yang memiliki baik kakak dan adik mungkin merasa lebih rendah dari saudaranya yang lebih tua dan sebagai beban karena mereka harus mengalah dari saudaranya yang lebih muda. Mereka mungkin juga memiliki perasaan yang menjadi korban karena mereka tidak dapat menarik perhatian dari orang tua mereka. Jika saudara tidak menangani emosi tersebut dengan benar, mereka cenderung memiliki hubungan yang tidak menyenangkan dengan saudara dan saudari mereka.

Pembunuhan pertama dalam sejarah umat manusia juga dilakukan antara saudara. Hal ini disebabkan kecemburuan Kain terhadap adiknya Habel tentang berkat dari Allah. Sejak saat itu, sudah ada pergumulan dan perkelahian terus-menerus antara saudara di sepanjang sejarah manusia. Yusuf dibenci oleh saudara-saudaranya dan dijual sebagai budak ke Mesir. Anak Daud, Absalom, menyuruh anak buahnya membunuh kakaknya sendiri Amnon. Saat ini, ada begitu banyak saudara dan saudari yang bertengkar di antara sesama mereka atas uang warisan orangtua mereka. Mereka menjadi seperti musuh terhadap satu sama lain.

Meskipun tidak separah serius seperti dalam kasus di atas, saat mereka menikah dan memulai keluarga mereka sendiri, mereka tidak mampu memberikan perhatian kepada saudara-saudara mereka seperti sebelumnya. Saya lahir sebagai putera terakhir dari enam bersaudara. Saya sangat dikasihi oleh saudara dan saudari saya, tapi ketika saya tinggal di tempat tidur selama tujuh tahun karena berbagai penyakit, situasi berubah. Saya menjadi beban yang semakin berat bagi mereka. Mereka mencoba untuk menyembuhkan penyakit saya sampai batas tertentu, tetapi ketika tampaknya tidak ada harapan lagi, mereka mulai membalikkan punggung mereka dari saya.

Kasih antara Sesama Manusia

Orang Koreamemiliki ungkapan yang berarti "Tetangga Sepupu." Itu berarti bahwa tetangga kita sama dekatnya seperti anggota keluarga kita sendiri. Ketika kebanyakan orang di masa lalu bertani, tetangga adalah sangat berharga karena dapat membantu satu sama lain. Tetapi ungkapan ini menjadi semakin tidak benar. Saat ini, orang-orang membuat pintu mereka tetap tertutup dan terkunci, bahkan dari tetangga mereka. Kita bahkan menggunakan sistem keamanan yang berat. Orang-orang bahkan tidak tahu siapa yang tinggal di sebelah.

Mereka tidak peduli tentang orang lain dan mereka tidak punya niat untuk mengetahui siapa tetangga mereka. Mereka hanya memikirkan diri mereka sendiri, dan anggota keluarga mereka saja yang penting bagi mereka. Mereka tidak mempercayai satu sama lain. Juga, jika mereka merasa tetangga mereka mengakibatkan mereka segala ketidaknyamanan, kerusakan, atau kerugian, mereka tidak ragu untuk menentang atau bertengkar dengan mereka. Hari ini ada banyak orang yang merupakan tetangga yang menuntut satu sama lain atas hal-hal yang remeh. Ada seorang yang menikam tetangganya yang tinggal di lantai atas sebuah apartemen karena mereka membuat kebisingan.

Kasih antara Teman-Teman

Maka, bagaimana tentang kasih antara teman? Anda mungkin berpikir bahwa seorang teman tertentu akan selalu berada di sisi Anda. Namun, bahkan orang yang Anda anggap sebagai seorang teman dapat mengkhianati Anda dan meninggalkan Anda dengan hati yang hancur.

Dalam beberapa kasus, seseorang mungkin meminta teman-temannya untuk meminjamkan sejumlah besar uang atau menjadi penjaminnya, karena dia akan bangkrut. Jika teman-temannya menolak, ia mengatakan ia telah dikhianati dan dia tidak pernah ingin melihat mereka lagi. Tapi siapa yang bertindak salah di sini?

Jika Anda benar-benar mengasihi teman Anda, Anda tidak akan menyakiti teman itu. Jika Anda akan bangkrut, dan jika teman-teman Anda menjadi penjamin untuk Anda, sudah pasti teman-teman Anda dan anggota keluarga mereka bisa menderita dengan Anda. Apakah merupakan kasih jika menyebabkan teman-teman Anda untuk mengalami risiko sedemikian? Itu bukanlah kasih. Tapi kini, hal-hal seperti itu cukup sering terjadi. Selain itu, Firman Allah melarang kita untuk meminjam dan meminjamkan uang serta memberikan jaminan atau menjadi penjamin bagi siapa pun. Ketika kita tidak mematuhi kata-kata Allah, dalam kebanyakan kasus akan ada pekerjaan Iblis dan semua orang yang terlibat akan menghadapi kerugian.

Hai anakku, jikalau engkau menjadi penanggung sesamamu, dan membuat persetujuan dengan orang lain; jikalau engkau terjerat dalam perkataan mulutmu, tertangkap dalam perkataan mulutmu

(Amsal 6:1-2).

Jangan engkau termasuk orang yang membuat persetujuan, dan yang menjadi penanggung hutang (Amsal 22:26).

Beberapa orang menganggap bijaksana untuk berteman berdasarkan pada apa yang dapat mereka peroleh dari teman-temannya itu. Ini adalah fakta bahwa saat ini sangat sulit untuk menemukan orang yang rela menyerahkan waktu, tenaga, dan uangnya dengan kasih murni bagi tetangga atau temannya.

Saya punya banyak teman sejak masa kanak-kanak. Sebelum saya menjadi percaya kepada Allah, saya menganggap kesetiaan di antara teman-teman sebagai kehidupan saya. Saya pikir persahabatan kami akan bertahan selamanya. Tapi sementara saya berada di ranjang sakit saya untuk waktu yang lama, saya benar-benar menyadari kasih antara teman-teman ini yang juga berubah sesuai dengan keuntungan mereka sendiri.

Pada awalnya, teman-teman saya melakukan beberapa penelitian untuk menemukan baik dokter atau obat tradisional yang bagus dan membawa saya kepada mereka, tetapi ketika saya tidak sembuh sama sekali, mereka meninggalkan saya satu per satu. Kemudian, teman yang saya punya hanyalah teman-teman saya minum dan berjudi. Bahkan teman-teman itu tidak datang kepada saya karena mereka mengasihi saya, melainkan hanya karena mereka membutuhkan tempat untuk bergaul sementara. Bahkan dalam kasih kedagingan mereka mengatakan bahwa saling mengasihi, tetapi hal itu segera berubah.

Bagaimana baiknya jika saja orangtua dan anak-anak, saudara dan saudari, teman, dan tetangga tidak mencari keuntungan mereka sendiri dan tidak pernah mengubah sikap mereka? Jika hal ini terjadi, berarti mereka memiliki kasih rohani. Tetapi dalam kebanyakan kasus, mereka tidak memiliki kasih rohani ini, dan mereka tidak dapat menemukan kepuasan sejati dalam hal ini. Mereka mencari kasih dari anggota keluarga dan orang-orang di sekitar mereka. Tetapi sebagai mereka terus berbuat demikian, mereka akan hanya menjadi semakin haus akan kasih, seolah-olah mereka sedang minum air laut untuk memuaskan kehausan mereka.

Blaise Pascal mengatakan ada kekosongan berbentuk Allah dalam hati setiap orang yang tidak dapat diisi oleh hal ciptaan, tetapi hanya oleh Allah, sang Pencipta, yang jadi dikenal melalui Yesus. Kita tidak bisa merasakan kepuasan sejati dan kita menderita rasa ketakbermaknaan kecuali yang ruang itu dipenuhi oleh kasih Allah. Kemudian, apakah ini berarti di dunia ini tak ada kasih rohani yang tidak pernah berubah? Tidak. Hal ini tidak umum, tapi kasih rohani pasti ada. 1 Korintus pasal 13 secara eksplisit memberitahu kita tentang kasih sejati.

Kasih itu sabar; kasih itu murah hati; ia tidak cemburu. Ia tidak memegahkan diri dan tidak sombong; Ia tidak melakukan yang tidak sopan dan tidak mencari keuntungan diri sendiri. Ia tidak pemarah dan tidak menyimpan kesalahan orang lain; Ia tidak melakukan yang tidak sopan dan tidak mencari keuntungan diri sendiri. Ia tidak pemarah dan tidak menyimpan kesalahan orang lain. Ia menutupi segala sesuatu, percaya segala sesuatu, mengharapkan segala sesuatu, sabar menanggung segala sesuatu (1 Korintus 13:4-7).

Allah menyebut kasih seperti ini sebagai kasih rohani dan sejati. Jika kita mengetahui kasih Allah dan diubahkan dengan kebenaran, kita dapat memiliki kasih rohani. Mari kita memiliki kasih rohani yang dengannya kita dapat saling mengasihi dengan sepenuh hati dan sikap yang tidak berubah, bahkan walaupun itu tidak menguntungkan kita melainkan membawa kerugian bagi kita.

Cara-cara untuk Memeriksa Kasih Rohani

Ada orang-orang yang secara keliru percaya bahwa mereka mengasihi Allah. Untuk memeriksa sejauh mana kita telah menanam kasih rohani yang sejati dan kasih Allah, kita dapat memeriksa emosi dan tindakan kita punya ketika kita melalui ujian pemurnian, cobaan dan kesulitan. Kita dapat memeriksa diri kita sejauh mana kita telah menanam kasih sejati, dengan memeriksa apakah kita benar-benar bersukacita dan mengucap syukur dari kedalaman hati kita atau tidak dan apakah atau kita terus-menerus mengikuti kehendak Allah atau tidak.

Jika kita mengeluh dan membenci situasi ini dan jika kita mencari metode duniawi serta bergantung pada orang-orang, itu berarti kita tidak memiliki kasih rohani. Itu hanya membuktikan pengetahuan kita tentang Allah adalah hanya kepala pengetahuan, bukan pengetahuan yang telah kita masukkan ke dalam hati kita dan tanam di sana. Sama seperti uang palsu tampak seperti uang asli padahal itu sebenarnya hanya selembar kertas biasa, kasih yang dikenal hanya dalam pengetahuan bukanlah kasih sejati. Hal ini tidak ada nilainya. Jika kasih Allah kita tidak berubah dan jika kita bergantung kepada Allah dalam segala situasi dan setiap jenis kesulitan, maka kita dapat mengatakan bahwa kita telah menanam kasih sejati yang merupakan kasih rohani.

"Demikianlah tinggal ketiga hal ini,

yaitu iman, pengharapan dan kasih,

dan yang paling besar di antaranya ialah kasih."

1 Korintus 13:13

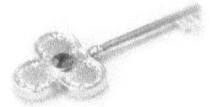

Bagian 2
Kasih seperti di dalam Pasal Kasih

Bab 1 : Jenis Kasih yang Allah Inginkan

Bab 2 : Karakteristik Kasih

Bab 3 : Kasih yang Sempurna

Jenis Kasih yang Allah Inginkan

"Sekalipun aku dapat berkata-kata dengan semua bahasa manusia dan bahasa malaikat, tetapi jika aku tidak mempunyai kasih, aku sama dengan gong yang berkumandang dan canang yang gemerincing. Sekalipun aku mempunyai karunia untuk bernubuat dan aku mengetahui segala rahasia dan memiliki seluruh pengetahuan; dan sekalipun aku memiliki iman yang sempurna untuk memindahkan gunung, tetapi jika aku tidak mempunyai kasih, aku sama sekali tidak berguna. Dan sekalipun aku membagi-bagikan segala sesuatu yang ada padaku, bahkan menyerahkan tubuhku untuk dibakar, tetapi jika aku tidak mempunyai kasih, sedikitpun tidak ada faedahnya bagiku."

1 Korintus 13:1-3

Berikut adalah sebuah insiden yang terjadi di sebuah panti asuhan di Afrika Selatan. Anak-anak menjadi semakin sakit satu per satu, dan jumlah mereka juga bertambah. Tapi mereka tidak bisa menemukan penyebab dari penyakit-penyakit mereka. Panti asuhan mengundang beberapa dokter terkenal untuk mendiagnosis mereka. Setelah penelitian yang menyeluruh, para dokter mengatakan, "Saat mereka terjaga, peluk anak-anak ini dan ungkapkan kasih bagi mereka selama sepuluh menit."

Mereka terkejut, penyakit tanpa sebab itu mulai pergi. Itu karena kehangatan kasih diperlukan anak-anak lebih daripada apa pun. Meskipun kita tidak perlu khawatir tentang biaya hidup dan kita hidup dalam kelimpahan, tanpa kasih kita tidak memiliki harapan hidup atau keinginan untuk hidup. Dapat dikatakan bahwa kasih adalah faktor yang paling penting dalam hidup kita.

Pentingnya Kasih Rohani

Pasal ketiga belas 1 Korintus, yang disebut pasal kasih, pertama menempatkan penekanan pada pentingnya kasih sebelum pasal itu benar-benar menjelaskan kasih rohani secara rinci. Ini karena sekalipun kita dapat berkata-kata dengan semua bahasa manusia dan bahasa malaikat, tetapi jika kita tidak mempunyai kasih, maka kita sama dengan gong yang berkumandang dan canang yang gemerincing.

'Bahasa roh' tidak merujuk kepada berbicara dalam bahasa roh sebagai salah satu karunia Roh Kudus. Ia merujuk kepada semua bahasa orang-orang yang hidup di bumi seperti Inggris, Jepang, Perancis, Rusia, dll. Peradaban dan pengetahuan yang sistematis dan diturunkan melalui bahasa, dan dengan demikian kita dapat mengatakan kekuatan bahasa benar-benar hebat. Dengan bahasa kita juga dapat mengungkapkan dan menyampaikan emosi serta pikiran kita sehingga kita dapat membujuk atau menyentuh hati banyak orang. Lidah manusia memiliki kekuatan untuk menggerakkan orang dan kekuatan untuk mencapai banyak hal.

'Lidah malaikat' mengacu pada kata-kata yang indah. Malaikat merupakan makhluk-makhluk rohani dan mereka mewakili 'keindahan'. Ketika orang lain berbicara kata-kata yang indah dengan suara-suara yang indah, orang-orang menggambarkan mereka sebagai malaikat. Tetapi Allah mengatakan bahkan perkataan fasih manusia atau kata-kata yang indah seperti perkataan Malaikat hanya seperti gong bising atau simbal yang berisik bila tanpa kasih (1 Korintus 13:1).

Bahkan, sepotong baja atau tembaga yang berat dan padat tidak akan mengeluarkan suara keras bising ketika ia dihantam. Jika sepotong tembaga mengeluarkan bunyi keras artinya tembaga itu berlubang di dalam atau sangat tipis dan ringan. Simbal mengeluarkan suara keras karena dibuat dari sepotong kuningan tipis. Sama halnya dengan manusia. Kita memiliki nilai yang sebanding dengan gandum yang bulirnya penuh berisi hanya ketika kita menjadi anak-anak lelaki dan perempuan sejati Allah dengan mengisi hati kita dengan kasih. Sebaliknya, mereka yang tidak memiliki kasih seperti sekam yang kosong. Mengapa itu begitu?

1 Yohanes 4:7-8 berkata, *"Saudara-saudaraku yang kekasih, marilah kita saling mengasihi, sebab kasih itu berasal dari*

Allah; dan setiap orang yang mengasihi, lahir dari Allah dan mengenal Allah. Barangsiapa tidak mengasihi, ia tidak mengenal Allah, sebab Allah adalah kasih." Yaitu, orang-orang yang tidak mengasihi tidak ada hubungannya dengan Allah, dan mereka hanya seperti sekam yang tidak memiliki gandum di dalamnya.

Perkataan dari orang-orang seperti itu tidak ada nilainya bahkan walaupun perkataan mereka fasih dan indah, karena mereka tidak bisa memberikan kasih sejati atau kehidupan bagi orang lain. Tapi mereka hanya memberi ketidaknyamanan kepada orang lain seperti gong bising atau simbal yang dibunyikan, karena mereka adalah ringan dan kosong di dalamnya. Di sisi lain, kata-kata yang mengandung kasih memiliki kekuatan luar biasa yang memberikan kehidupan. Kita dapat menemukan bukti seperti itu dalam kehidupan Yesus.

Kasih Substansial Memberi Kehidupan

Suatu hari, Yesus sedang mengajar di Bait Suci, dan ahli-ahli Taurat serta orang Farisi membawa seorang perempuan ke hadapannya. Dia tertangkap sedang melakukan perzinahan. Bahkan tanda-tanda kasih sayang tidak dapat ditemukan di mata orang-orang ahli Taurat dan Farisi yang membawa wanita itu ke sana.

Mereka berkata kepada Yesus, *"Rabi, perempuan ini tertangkap basah ketika ia sedang berbuat zina. Musa dalam hukum Taurat memerintahkan kita untuk melempari perempuan-perempuan yang demikian. Apakah pendapat-Mu tentang hal itu?"* (Yohanes 8:4-5).

Hukum di Israel adalah Firman dan Hukum Taurat. Hukum ini memiliki sebuah pasal yang mengatakan pezina harus dilempari batu sampai mati. Jika Yesus berkata mereka harus melempari dia menurut Hukum Taurat, itu berarti Ia berlawanan dengan kata-kata-Nya sendiri, karena Yesus mengajarkan manusia untuk mengasihi bahkan terhadap musuh-musuh mereka. Jika Dia mengatakan untuk mengampuni perempuan itu, jelas melanggar hukum. Itu sama dengan melawan Firman Allah.

Para ahli taurat dan orang Farisi sangat bangga diri berpikir bahwa mereka sekarang memiliki kesempatan untuk menjatuhkan Yesus. Karena Ia sangat mengetahui hati mereka, Yesus hanya membungkuk dan menulis sesuatu di tanah dengan jari-Nya. Ia pun bangkit berdiri lalu berkata kepada mereka, *"Barangsiapa di antara kamu tidak berdosa, hendaklah ia yang pertama melemparkan batu kepada perempuan itu"* (Yohanes 8:7).

Ketika Yesus sekali lagi membungkuk dan menulis di tanah dengan jarinya, orang pergi satu persatu dan hanya wanita itu serta Yesus sendiri yang tetap tinggal. Yesus menyelamatkan kehidupan wanita ini tanpa melanggar hukum.

Di permukaan, apa yang dikatakan oleh para ahli Taurat dan orang Farisi itu tidak salah karena mereka hanya menyatakan apa yang dikatakan Hukum Taurat. Tapi motif kata-kata mereka sangat berbeda dari Yesus. Mereka berusaha untuk merugikan orang lain sementara Yesus sedang berusaha untuk menyelamatkan jiwa-jiwa.

Jika kita memiliki hati Yesus yang seperti ini, kita akan berdoa dengan memikirkan jenis kata-kata yang dapat memberikan kekuatan kepada orang lain dan memimpin mereka pada kebenaran. Kita akan mencoba untuk memberikan kehidupan dengan setiap kata yang kita ucapkan. Beberapa orang mencoba untuk membujuk orang lain dengan Firman Allah atau mereka mencoba untuk memperbaiki perilaku orang lain dengan menunjukkan kekurangan mereka dan kesalahan yang mereka pikir tidak baik. Bahkan jika perkataan itu benar, mereka tidak dapat menyebabkan perubahan pada orang lain atau memberikan kehidupan kepada mereka, selama kata-katanya itu tidak diucapkan karena kasih.

Karena itu, kita harus selalu memeriksa diri kita Apakah kita berbicara dengan pembenaran diri dan kerangka pikiran kita sendiri, atau jika kata-kata kita keluar karena kasih untuk memberikan kehidupan kepada orang lain. Daripada perkataan yang diucapkan dengan sangat halus, sebuah kata yang mengandung kasih rohani dapat menjadi air kehidupan untuk memuaskan kehausan jiwa, dan permata berharga yang memberikan sukacita dan penghiburan bagi jiwa-jiwa yang menderita.

Kasih dengan Perbuatan Mengorbankan Diri

Umumnya 'nubuatan' merujuk berbicara tentang peristiwa-peristiwa masa depan. Dalam pengertian alkitabiah itu adalah untuk menerima hati Allah dalam inspirasi dari Roh Kudus untuk tujuan tertentu dan berbicara tentang peristiwa masa depan.

Bernubuat bukanlah sesuatu yang dapat dilakukan sesuai dengan kehendak manusia. 2 Petrus 1:21 mengatakan, *"...sebab tidak pernah nubuat dihasilkan oleh kehendak manusia, tetapi oleh dorongan Roh Kudus orang-orang berbicara atas nama Allah."* Karunia nubuatan tidak secara acak diberikan kepada siapa saja. Allah tidak memberikan karunia ini kepada orang yang telah tidak dikuduskan karena ia mungkin menjadi sombong.

"Karunia nubuatan," seperti dalam pasal kasih rohani bukanlah hadiah yang diberikan kepada beberapa orang yang khusus. Ini berarti bahwa siapa saja yang percaya kepada Yesus Kristus dan berdiam di dalam kebenaran dapat meramalkan dan memberitahu tentang masa depan. Yaitu, ketika Tuhan datang kembali di udara, orang-orang yang diselamatkan akan diangkat ke udara dan turut serta dalam pesta kawin selama tujuh tahun, sedangkan orang-orang yang tidak diselamatkan akan menderita tujuh tahun masa kesengsaraan besar di dunia ini dan jatuh ke dalam Neraka selepas Pengadilan Takhta Putih Besar. Tapi meskipun semua anak Allah mempunyai karunia nubuatan dalam cara ini 'berbicara tentang peristiwa-peristiwa masa depan', tidak semua dari mereka memiliki kasih rohani. Bagaimanapun juga, jika mereka tidak memiliki kasih rohani, mereka akan mengubah sikap-sikap mereka yang mengikuti keuntungan mereka sendiri, dan karena itu karunia nubuat akan tidak memberi mereka manfaat apa-apa. Hadiah itu sendiri tidak dapat berlanjut atau melampaui kasih.

'Rahasia' di sini merujuk pada rahasia yang tersembunyi sejak sebelum permulaan waktu, yang merupakan perkataan salib (1 Korintus 1:18). Perkataan salib adalah pemeliharaan untuk keselamatan manusia, yang telah dibuat oleh Allah sebelum permulaan waktu di bawah kedaulatan-Nya. Allah tahu bahwa manusia akan melakukan dosa dan jatuh ke jalan kematian. Untuk alasan ini ia telah menyiapkan Yesus Kristus yang akan menjadi Juruselamat bahkan sebelum permulaan waktu. Sampai rencana ini digenapi, Allah menyimpannya sebagai rahasia. Mengapa Ia Berbuat Demikian? Jalan keselamatan telah diketahui, itu tidak terpenuhi karena campur tangan musuh Iblis atau setan (1 Korintus 2:6-8). Musuh Iblis atau setan berpikir mereka akan dapat terus selamanya memegang otoritas yang telah mereka terima dari Adam jika mereka membunuh Yesus. Tapi, itu karena mereka menghasut orang-orang jahat dan membunuh Yesus maka jalan keselamatan dibuka! Namun, walaupun kita mengetahui tentang misteri besar sedemikian, memiliki pengetahuan seperti itu tidak ada gunanya bagi kita jika kita tidak memiliki kasih rohani.

Sama halnya dengan pengetahuan. Di sini istilah 'semua pengetahuan' tidak merujuk pada pembelajaran akademik. Ia merujuk kepada pengetahuan tentang Allah dan kebenaran di 66 kitab dalam Alkitab. Setelah kita menjadi tahu tentang Allah melalui Alkitab, kita harus juga bertemu dengan-Nya dan mengalami Dia secara langsung serta percaya kepada-Nya dari dalam hati kita. Kalau tidak, maka pengetahuan tentang Firman Allah akan tetap hanya sebagai bagian dari pengetahuan dalam kepala kita. Kita bahkan mungkin menggunakan pengetahuan itu dengan cara yang tidak menguntungkan, misalnya, dengan menghakimi dan menghukum orang lain. Oleh karena itu, pengetahuan tanpa kasih rohani tidak ada gunanya bagi kita.

Bagaimana jika kita memiliki iman yang demikian besar yang

bahkan dapat memindahkan gunung? Memiliki iman yang besar tidak selalu berarti memiliki kasih yang besar. Kemudian, mengapa volume iman dan kasih tidak persis sama dengan satu sama lain? Iman dapat tumbuh dengan melihat tanda-tanda dan mukjizat pekerjaan Allah. Petrus melihat banyak tanda-tanda dan mukjizat yang dilakukan oleh Yesus dan karena ini ia juga bisa berjalan, meskipun untuk beberapa saat, di atas air ketika Yesus sedang berjalan di atas air. Tetapi pada waktu itu Petrus tidak memiliki kasih rohani karena dia belum menerima Roh Kudus. Tetapi pada saat itu Petrus tidak memiliki kasih rohani karena ia belum menerima Roh Kudus. Ia juga belum menyunat hatinya dengan membuang dosa. Jadi, ketika hidupnya kemudian terancam, ia menyangkal Yesus tiga kali.

Kita dapat memahami mengapa iman kita dapat tumbuh melalui pengalaman, tetapi kasih rohani datang ke dalam hati kita hanya ketika kita memiliki usaha, pengabdian, dan pengorbanan untuk membuang dosa. Tapi itu tidak berarti bahwa ada tidak ada hubungan langsung antara iman rohani dan kasih. Kita dapat mencoba untuk membuang dosa dan kita dapat mencoba untuk mengasihi Allah dan jiwa-jiwa karena kita memiliki iman. Tetapi tanpa perbuatan untuk benar-benar menyerupai Allah dan memupuk kasih sejati, pekerjaan kita untuk Kerajaan Allah tidak akan ada hubungannya dengan Allah tidak peduli berapa pun usaha kita untuk menjadi setia. Ini akan sama seperti yang dikatakan Yesus, *"Pada waktu itulah Aku akan berterus terang kepada mereka dan berkata: Aku tidak pernah mengenal kamu! Enyahlah dari pada-Ku, kamu sekalian pembuat kejahatan"* (Matius 7:23).

Kasih yang Membawa Upah Surgawi

Biasanya, menjelang akhir tahun, banyak organisasi dan individu yang menyumbangkan uang untuk perusahaan penyiaran atau koran untuk membantu orang miskin. Sekarang, bagaimana jika nama mereka tidak disebut oleh koran atau si penyiar? Kemungkinannya adalah bahwa tidak akan ada terlalu banyak individu dan perusahaan yang masih akan memberikan sumbangan.

Yesus berkata dalam Matius 6:1-2, *"Ingatlah, jangan kamu melakukan kewajiban agamamu di hadapan orang supaya dilihat mereka, karena jika demikian, kamu tidak beroleh upah dari Bapamu yang di surga. Jadi apabila engkau memberi sedekah, janganlah engkau mencanangkan hal itu, seperti yang dilakukan orang munafik di rumah-rumah ibadat dan di lorong-lorong, supaya mereka dipuji orang. Aku berkata kepadamu: Sesungguhnya mereka sudah mendapat upahnya."* Jika kita membantu orang lain untuk mendapatkan kehormatan dari manusia, kita mungkin merasa terhormat untuk sejenak, tapi kita tidak akan menerima upah dari Allah.

Pemberian ini hanya untuk kepuasan diri atau menyombongkannya Jika seseorang melakukan amal hanya sebagai formalitas, hatinya akan semakin ditinggikan saat ia menerima semakin banyak pujian. Jika Allah memberkati orang semacam ini, dia mungkin menganggap dirinya layak di mata Allah. Kemudian, ia tidak akan menyunat hatinya, dan itu hanya akan menjadi bahaya bagi dirinya. Tetapi jika engkau memberi sedekah, janganlah diketahui tangan kirimu apa yang diperbuat tangan kananmu. Hendaklah sedekahmu itu diberikan dengan tersembunyi, maka Bapamu yang melihat yang tersembunyi akan membalasnya kepadamu (Matius 6:3-4).

Pekerjaan amal di dalam Tuhan tidak hanya tentang memasok kebutuhan dasar hidup seperti pakaian, makanan, dan perumahan. Hal ini lebih tentang menyediakan roti rohani untuk menyelamatkan jiwa. Hari ini, apakah mereka percaya kepada Tuhan atau tidak, banyak orang mengatakan peran Gereja adalah untuk membantu orang sakit, yang diabaikan, dan orang miskin. Hal ini tentunya tidak salah, tetapi adalah tugas pertama gereja untuk memberitakan Injil dan menyelamatkan jiwa-jiwa sehingga mereka akan memperoleh kedamaian rohani. Tujuan utama dari pekerjaan amal terletak pada tujuan-tujuan ini.

Karena itu, ketika kita membantu orang lain, sangat penting untuk melakukan perbuatan amal yang tepat dengan menerima bimbingan Roh Kudus. Jika bantuan tidak tepat diberikan ke orang tertentu, hal itu mungkin membuatnya lebih mudah bagi orang itu untuk melepaskan diri bahkan pergi semakin jauh dari Allah. Dalam skenario terburuk, hal bahkan mungkin mengantarnya ke jalan maut. Sebagai contoh, jika kita menolong orang yang telah menjadi miskin karena perjudian dan minum berlebihan atau orang-orang yang dalam kesulitan karena mereka menentang kehendak Allah, maka bantuan hanya akan menyebabkan mereka semakin pergi ke jalan yang salah. Tentu saja itu tidak berarti kita jangan harus membantu mereka yang tidak percaya. Kita harus membantu orang-orang tidak percaya dengan memberikan kasih Allah kepada mereka. Namun, kita tidak boleh lupa bahwa tujuan utama dari perbuatan amal adalah penyebaran Injil.

Dalam kasus orang percaya baru yang memiliki iman yang lemah, sangat penting bahwa kita menguatkan mereka sampai iman mereka tumbuh. Kadang-kadang bahkan di antara mereka yang memiliki iman, ada beberapa yang memiliki kelemahan bawaan atau penyakit dan orang lain yang telah memiliki kecelakaan yang mereka tidak dapat mencari nafkah sendiri. Ada juga warga lansia yang hidup sendirian atau anak-anak yang harus mendukung rumah tangga karena tidak adanya orangtua. Orang-orang ini mungkin sangat membutuhkan bantuan amal. Jika kita menolong orang-orang yang sungguh membutuhkan, maka Allah akan membuat jiwa kita sejahtera dan membuat semuanya berjalan dengan baik bagi kita.

Dalam Kisah Para Rasul pasal 10, Kornelius adalah orang yang menerima berkat. Kornelius takut akan Allah dan banyak membantu orang Yahudi. Dia adalah seorang komandan pasukan, perwira berpangkat tinggi dari tentara penjajah yang memerintah atas Israel. Dalam situasinya itu pasti sulit baginya untuk membantu masyarakat setempat. Orang Yahudi pasti berhati-hati dan selalu curiga terhadap apa yang ia lakukan dan rekan-rekannya mungkin juga mengkritik apa yang dia lakukan. Namun, karena ia takut akan Allah, dia tidak berhenti melakukan perbuatan baik dan amal. Allah melihat segala perbuatannya, dan menyuruh Petrus ke rumah tangganya sehingga tidak hanya keluarganya langsung melainkan juga orang-orang yang bersamanya di rumahnya menerima Roh Kudus dan keselamatan.

Bukan hanya perbuatan amal yang harus dilakukan dengan kasih rohani, tetapi juga persembahan kepada Allah. Dalam Markus 12, kita membaca tentang seorang janda yang dipuji oleh

Yesus karena dia memberikan persembahan dengan segenap hatinya. Dia memberikan hanya dua peser, yaitu seluruh uang yang dimilikinya untuk bertahan hidup. Jadi, mengapa Yesus memuji dia? Matius 6:21 mengatakan, *"...karena di mana hartamu berada, di situ juga hatimu berada."* Seperti dikatakan, ketika janda itu memberikan seluruh biaya hidupnya, itu berarti nya seluruh hatinya tertuju kepada Allah. Itulah ungkapan kasihnya kepada Allah. Sebaliknya, persembahan yang diberikan dengan enggan atau karena memperhatikan sikap dan pendapat orang lain tidak menyenangkan Allah. Akibatnya, persembahan tersebut tidak memberi manfaat bagi si pemberi.

Mari kita sekarang bicara tentang pengorbanan diri. Untuk "menyerahkan tubuhku untuk dibakar" di sini berarti "untuk mengorbankan diri sepenuhnya." Biasanya pengorbanan dilakukan karena kasih, tetapi mereka dapat dibuat tanpa kasih. Kemudian, apakah pengorbanan yang dibuat tanpa kasih?

Mengeluh tentang hal-hal yang berbeda setelah melakukan pekerjaan Allah adalah contoh pengorbanan tanpa kasih. Ini adalah ketika Anda telah menghabiskan semua tenaga, waktu, dan uang untuk pekerjaan Allah, tetapi tidak ada yang melihat dan memuji itu dan kemudian Anda merasa menyesal dan mengeluh tentang hal itu. Ini adalah ketika Anda melihat rekan sekerja Anda dan merasa bahwa mereka tidak setekun Anda meskipun mereka mengklaim mereka mengasihi Allah dan Tuhan. Anda bahkan mungkin berkata kepada diri sendiri bahwa mereka malas. Pada akhirnya itu adalah hanya penghukuman dan kutuk mereka. Sikap ini secara diam-diam menanamkan keinginan agar jasa-jasa Anda diungkapkan kepada orang lain, agar Anda dipuji oleh mereka dan Anda menyombongkan diri atas kesetiaan Anda. Jenis pengorbanan ini mungkin memecah damai sejahtera di antara orang-orang dan menyebabkan Allah menjadi patah hati. Itulah bagaimana pengorbanan tanpa kasih menjadi tidak berguna.

Anda mungkin tidak mengeluh secara lahiriah dengan kata-kata. Tetapi jika tidak ada yang mengakui perbuatan Anda yang setia itu, Anda akan kecewa dan berpikir bahwa Anda bukan apa-apa dan semangat Anda untuk Tuhan menjadi dingin. Jika seseorang menunjukkan kesalahan dan titik-titik lemah dalam berbagai pekerjaan yang telah Anda capai dengan segenap kekuatanmu, sampai bahkan mengorbankan diri Anda sendiri, Anda mungkin akan menjadi tawar hati dan menyalahkan orang-orang yang mengkritik Anda. Ketika seseorang berbuat lebih daripada Anda dan dipuji serta disukai oleh orang lain, Anda menjadi cemburu dan iri kepadanya. Kemudian, tidak peduli seberapa pun setia dan sungguh-sungguhnya diri Anda, Anda tidak bisa mendapatkan sukacita sejati di dalam diri Anda. Anda bahkan dapat menyerah dari tugas-tugas Anda.

Ada juga orang yang bersemangat hanya ketika ada orang yang melihat. Ketika mereka tidak terlihat oleh orang lain dan tidak lagi diperhatikan, mereka menjadi malas dan melakukan pekerjaan mereka dengan sembarangan atau tidak semestinya. Daripada pekerjaan yang tidak dilihat orang secara secara lahiriah, mereka hanya mencoba untuk menyelesaikan pekerjaan yang sangat terlihat oleh orang lain. Itu karena keinginan mereka untuk mengungkapkan diri kepada senior mereka dan banyak orang lain dan untuk dipuji oleh mereka.

Sehingga jika seseorang memiliki iman bagaimana bisa dia membuat pengorbanan dirinya tanpa kasih? Ini karena mereka tidak memiliki kasih rohani. Mereka tidak memiliki rasa kepemilikan yang percaya dalam hatinya bahwa apa yang menjadi milik Allah adalah milik mereka dan apa yang menjadi milik mereka adalah juga milik Allah.

Misalnya, bandingkan situasi di mana seorang petani bekerja di ladangnya sendiri dan petani bekerja di ladang lain untuk upah yang dibayarkan kepadanya. Ketika petani bekerja ladangnya sendiri ia siap bekerja keras dari pagi sampai larut malam. Ia tidak melewatkan tugas-tugas pertanian dan dia melakukan semua pekerjaan tanpa gagal. Tapi ketika petani bayaran bekerja di ladang milik orang lain, ia tidak mengeluarkan semua energinya melakukan pekerjaan, tetapi sebaliknya ia berharap bahwa matahari akan tenggelam sesegera mungkin sehingga ia bisa menerima upahnya dan kembali ke rumah. Prinsip yang sama berlaku untuk Kerajaan Allah juga. Jika orang tidak memiliki kasih Allah dalam hati mereka, mereka akan bekerja bagi Dia dengan dangkal seperti pekerja bayaran yang hanya menginginkan upah mereka. Mereka akan mengerang dan mengeluh jika mereka tidak menerima upah yang mereka harapkan.

Itu sebabnya Kolose 3:23-24 mengatakan, *"Apapun juga yang kamu perbuat, perbuatlah dengan segenap hatimu seperti untuk Tuhan dan bukan untuk manusia. Kamu tahu, bahwa dari Tuhanlah kamu akan menerima bagian yang ditentukan bagimu sebagai upah. Kristus adalah tuan dan kamu hamba-Nya."* Membantu orang lain dan mengorbankan diri tanpa kasih rohani tidak hubungannya dengan Allah, yang berarti kita tidak bisa menerima upah dari Allah (Matius 6:2).

Jika kita ingin berkorban dengan hati yang tulus, kita harus memiliki kasih rohani dalam hati kita. Jika hati kita dipenuhi dengan kasih sejati, kita dapat terus mendedikasikan hidup kita kepada Tuhan dengan semua yang kita miliki, apakah orang lain mengakui kita atau tidak. Sama seperti lilin dinyalakan dan bersinar di dalam kegelapan, kita dapat menyerahkan segala sesuatu yang kita miliki. Di dalam Perjanjian Lama, ketika para imam menyembelih binatang untuk dipersembahkan kepada Allah sebagai korban tebusan, mereka menumpahkan darahnya dan membakar lemaknya di atas api mezbah. Tuhan kita Yesus, seperti binatang yang dipersembahkan sebagai pendamaian bagi dosa kita, mencurahkan tetes terakhir darah dan air-Nya untuk menebus semua orang dari dosa mereka. Dia menunjukkan kepada kita contoh pengorbanan sejati.

Mengapa pengorbanan-Nya efektif untuk membuat banyak jiwa memperoleh keselamatan? Itu karena pengorbanan-Nya terbuat dari kasih yang sempurna. Yesus menggenapkan kehendak Allah sampai mengorbankan hidup-Nya. Ia mempersembahkan doa syafaat bagi jiwa-jiwa bahkan pada saat terakhir penyaliban (Lukas 23:34). Untuk korban sejati ini, Allah mengangkat Dia dan memberi-Nya posisi yang paling mulia di surga.

Jadi, Filipi 2:9-10 mengatakan, *"Itulah sebabnya Allah sangat meninggikan Dia dan mengaruniakan kepada-Nya nama di atas segala nama, supaya dalam nama Yesus bertekuk lutut segala yang ada di langit dan yang ada di atas bumi dan yang ada di bawah bumi."*

Jika kita membuang keserakahan serta keinginan yang tidak

murni dan mengorbankan diri dengan hati yang murni seperti Yesus, Allah akan meninggikan kita dan membawa kita ke dalam posisi yang lebih tinggi. Tuhan kita berjanji di dalam Matius 5:8, *"Berbahagialah orang yang suci hatinya, karena mereka akan melihat Allah."* Jadi, kita akan menerima berkat untuk dapat melihat Allah berhadapan muka.

Mengasihi Dengan Melampaui Keadilan

Pendeta Yang Won Sohn disebut 'Bom Atom Kasih'. Dia menunjukkan suatu teladan pengorbanan yang dibuat dengan kasih sejati. Ia merawat orang kusta dengan segenap kekuatannya. Ia juga dimasukkan ke dalam penjara karena menolak untuk menyembah di kuil-kuil perang Jepang saat penjajahan Jepang di Korea. Meskipun pekerjaannya diabdikan untuk Allah, dia harus mendengar berita mengejutkan. Pada bulan Oktober 1948, 2 anaknya terbunuh oleh tentara kiri dalam pemberontakan terhadap otoritas pemerintah yang berkuasa.

Orang-orang biasa akan mengeluh kepada Allah mengatakan, "Jika Allah hidup, bagaimana bisa Ia melakukan ini padaku?" Tetapi ia hanya bersyukur bahwa kedua anaknya mati martir dan berada di surga di sisi Tuhan. Selain itu, ia mengampuni pemberontak yang membunuh kedua putranya dan bahkan mengangkatnya sebagai anaknya. Dia mengucap syukur kepada Allah dalam sembilan aspek syukur di pemakaman anaknya yang dengan begitu mendalam menyentuh hati begitu banyak orang.

"Pertama-tama, saya bersyukur karena anak-anak saya menjadi

martir meskipun mereka lahir dari keluarga saya, karena saya begitu penuh dengan kejahatan.

Kedua, saya bersyukur kepada Allah karena telah memberi saya anak-anak yang berharga ini menjadi keluarga saya di antara begitu banyak keluarga orang percaya.

Ketiga, saya bersyukur bahwa anak pertama dan kedua saya dikorbankann, yang merupakan paling tampan di antara tiga anak lelaki dan tiga anak perempuan saya.

Keempat, sulit memiliki seorang anak yang mati menjadi martir, tetapi bagi saya memiliki dua putra yang menjadi martir, saya bersyukur.

Kelima, adalah suatu berkat untuk mati dalam damai dengan iman kepada Tuhan Yesus, dan saya bersyukur bahwa mereka menerima kemuliaan kemartiran saat ditembak dan dibunuh sambil memberitakan Injil.

Keenam, mereka sedang bersiap-siap untuk pergi ke Amerika Serikat untuk belajar, dan sekarang mereka pergi ke kerajaan surga, yang merupakan tempat yang jauh lebih baik daripada Amerika Serikat. Saya lega dan saya bersyukur.

Ketujuh, saya bersyukur Allah yang memampukan saya untuk mengadopsi sebagai anak angkat saya, musuh yang membunuh anak-anak saya.

Kedelapan, saya bersyukur karena saya percaya akan ada buah surgawi berlimpah melalui kemartiran dua putra saya.

Kesembilan, saya bersyukur kepada Allah yang memampukan saya mewujudkan kasih Allah untuk dapat bersukacita bahkan dalam kesulitan semacam ini."

Untuk merawat orang sakit, pendeta Yang Won Sohn tidak mengungsi bahkan selama Perang Korea. Dia akhirnya menjadi martir oleh tentara Komunis. Ia merawat orang sakit yang benar-benar diabaikan oleh orang lain, dan dalam kebaikan dia memperlakukan musuh yang telah membunuh anak-anaknya. Ia mampu untuk mengorbankan dirinya seperti yang ia lakukan karena ia penuh kasih sejati kepada Allah dan jiwa-jiwa yang lain.

Dalam Kolose 3:14 yang dikatakan Allah kepada kita, *"Dan di atas semuanya itu: kenakanlah kasih, sebagai pengikat yang mempersatukan dan menyempurnakan."* Bahkan jika kita berbicara kata-kata indah malaikat dan memiliki kemampuan untuk bernubuat serta iman yang memindahkan gunung, dan mengorbankan diri bagi mereka yang sedang membutuhkan, perbuatan kita itu tidak sempurna di hadapan Allah selama itu tidak keluar dari kasih sejati. Sekarang, mari kita menyelidiki setiap makna yang terkandung dalam kasih sejati untuk masuk ke dalam dimensi terbatas kasih Allah.

Karakteristik Kasih

"Kasih itu sabar; kasih itu murah hati; ia tidak cemburu.
Ia tidak memegahkan diri dan tidak sombong,
Ia tidak melakukan yang tidak sopan dan tidak mencari
keuntungan diri sendiri.
Ia tidak pemarah dan tidak menyimpan kesalahan orang lain,
Ia tidak bersukacita karena ketidakadilan,
tetapi karena kebenaran; Ia menutupi segala sesuatu,
percaya segala sesuatu, mengharapkan segala sesuatu,
sabar menanggung segala sesuatu."

1 Korintus 13:4-7

Dalam Matius 24, kita menemukan sebuah adegan di mana Yesus meratap melihat Yerusalem, mengetahui bahwa waktu-Nya sudah dekat. Ia harus tergantung di kayu salib dalam rencana Allah, tetapi ketika ia memikirkan bencana yang akan menimpa orang Yahudi dan Yerusalem, Dia tidak bisa menahan Diri untuk meratap. Para murid bertanya-tanya mengapa demikian dan mengajukan sebuah pertanyaan: *"Katakanlah kepada kami, bilamanakah itu akan terjadi dan apakah tanda kedatangan-Mu dan tanda kesudahan dunia?"* (ay. 3).

Jadi, Yesus mengatakan kepada mereka tentang banyak tanda-tanda dan dengan sedih berkata bahwa kasih akan menjadi dingin: *"Dan karena makin bertambahnya kedurhakaan, maka kasih kebanyakan orang akan menjadi dingin"* (ay. 12).

Sekarang kita pasti bisa merasakan bahwa kasih orang-orang telah menjadi dingin. Banyak orang mencari kasih, tapi mereka tidak tahu apa itu kasih sejati, yaitu kasih rohani. Kita tidak memiliki kasih sejati hanya karena kita ingin memilikinya. Kita dapat mulai mendapatkan itu sebagai kasih Allah yang datang ke dalam hati kita. Kita dapat mulai memahami apa itu dan juga mulai membuang kejahatan dari hati kita.

Roma 5:5 mengatakan, *"...dan pengharapan tidak mengecewakan, karena kasih Allah telah dicurahkan di dalam hati kita oleh Roh Kudus yang telah dikaruniakan kepada kita."* Seperti dikatakan, kita dapat merasakan kasih Allah melalui Roh Kudus dalam hati kita.

Allah memberi tahu kita tentang masing-masing Karakteristik dari kasih rohani dalam 1 Korintus 13:4-7. Anak-anak Allah perlu belajar tentang karakteristik kasih ini dan mempraktikkannya sehingga mereka dapat menjadi utusan kasih yang bisa membuat orang-orang yang merasakan kasih rohani.

 # 1. Kasih Itu Sabar

Jika seseorang tidak memiliki kesabaran, di antara semua karakteristik lain dari kasih rohani, ia dapat dengan mudah melemahkan semangat orang lain. Misalkan seorang supervisor memberikan pekerjaan tertentu kepada seseorang untuk dilakukan, dan orang itu tidak melakukan pekerjaannya dengan benar. Jadi, si supervisor dengan cepat memberikan pekerjaan itu kepada orang lain untuk diselesaikan. Orang semula yang diberi pekerjaan itu mungkin jatuh ke dalam keputusasaan karena tidak diberikan kesempatan kedua untuk memperbaiki kesalahannya. Allah telah menempatkan 'kesabaran' sebagai karakteristik pertama dari kasih rohani karena ini adalah karakter paling dasar untuk menanam kasih rohani. Jika kita memiliki kasih, menunggu itu tidak membosankan.

Begitu kita menyadari kasih Allah, kita akan mencoba untuk berbagi kasih dengan orang-orang di sekitar kita. Kadang-kadang ketika kita mencoba untuk mengasihi orang lain dengan cara ini, kita akan mendapatkan reaksi yang menentang dari orang-orang dapat sungguh mematahkan hati atau menyebabkan kerugian besar atau kerusakan kepada kita. Kemudian, orang-orang itu tidak akan terlihat indah lagi, dan kita tidak akan dapat mengerti mereka dengan baik. Untuk memiliki kasih rohani, kita perlu bersabar dan mengasihi bahkan orang-orang yang demikian. Bahkan jika mereka memfitnah kita, membenci kita, atau mencoba untuk menempatkan kita dalam kesulitan tanpa alasan, kita harus mengontrol pikiran kita untuk bersabar dan mengasihi mereka.

Seorang anggota gereja pernah meminta saya untuk berdoa bagi istrinya yang depresi. Dia juga mengatakan ia adalah pemabuk dan begitu ia mulai minum dia akan menjadi orang yang berbeda dan menyulitkan anggota keluarganya. Namun, istrinya selalu sabar dengan dia setiap waktu dan mencoba untuk menutupi kesalahannya dengan kasih. Tapi kebiasaannya itu tidak pernah berubah, dan dengan berlalunya waktu ia menjadi seorang pecandu alkohol. Istrinya kehilangan semangat hidupnya dan ia dikuasai depresi.

Ia menyusahkan keluarganya karena kebiasaan minumnya, tetapi dia datang untuk menerima doa saya karena dia masih mengasihi istrinya. Setelah mendengar ceritanya, saya berkata kepadanya, "Jika kamu benar-benar mengasihi istri kamu, apa itu begitu sulit untuk berhenti merokok dan minum?" Dia tidak mengatakan apa-apa dan tampak kurang percaya diri. Saya merasa kasihan kepada keluarganya. Saya berdoa untuk istrinya agar sembuh dari depresi, dan saya berdoa untuknya untuk menerima kuasa agar dapat berhenti merokok dan minum. Kuasa Allah sungguh luar biasa! Ia mampu untuk berhenti memikirkan tentang minum segera setelah didoakan. Sebelum itu sama sekali tidak ada cara agar ia bisa berhenti minum, tapi ia langsung berhenti segera setelah didoakan. Istrinya juga disembuhkan dari depresi.

Bersikap Sabar adalah Permulaan dari Kasih Rohani

Untuk menumbuhkan kasih rohani, kita perlu bersabar dengan orang lain dalam situasi apa pun. Apakah Anda menderita ketidaknyamanan dalam ketekunan Anda? Atau, seperti dalam kasus sang istri dalam cerita tadi, Anda jadi berkecil hati jika Anda telah bersabar untuk waktu yang lama dan situasi tidak berubah menjadi lebih baik sama sekali? Kemudian, sebelum menempatkan kesalahan pada keadaan atau orang lain, kita perlu memeriksa hati kita terlebih dahulu. Jika kita telah menanam kebenaran di dalam hati kita dengan sungguh-sungguh, tidak ada situasi di mana kita tidak bisa bersabar. Yaitu, jika kita tidak dapat bisa sabar, ini berarti bahwa di dalam hati kita, kita masih memiliki kejahatan, yang merupakan ketidakbenaran, sampai ke tingkat sejauh mana kita kekurangan kesabaran.

Untuk bersabar berarti kita sabar dengan diri kita sendiri dan semua kesulitan yang kita jumpai ketika kita mencoba untuk menunjukkan kasih sejati. Mungkin ada situasi sulit ketika kita mencoba untuk mengasihi semua orang dalam ketaatan kepada Firman Allah, dan itu adalah kesabaran kasih rohani untuk dapat bersabar dalam semua situasi tersebut.

Kesabaran ini berbeda dari kesabaran seperti yang ada dalam

Kesabaran Seperti Dalam Sembilan Buah Roh Kudus	1. Itu adalah untuk membuang semua kebohongan dan mengolah hati kita dengan kebenaran 2. Untuk memahami orang lain, mencari keuntungan mereka, dan berdamai dengan mereka 3. Untuk menerima jawaban atas doa, keselamatan, dan hal-hal yang dijanjikan Allah

sembilan buah Roh Kudus dalam Galatia 5:22-23. Bagaimana kesabaran ini bisa berbeda? "Kesabaran" yang merupakan salah satu dari sembilan buah Roh Kudus ini mendorong kita untuk bersabar dalam segala sesuatu bagi kerajaan dan kebenaran Allah sementara kesabaran dalam kasih rohani adalah bersabar memupuk kasih rohani, dan dengan demikian memiliki arti sempit dan lebih spesifik. Kita dapat mengatakan itu yang termasuk dalam kesabaran yang merupakan salah satu sembilan buah Roh Kudus.

Saat ini, orang-orang sangat mudah mengajukan gugatan hukum terhadap orang lain karena menyebabkan setidaknya sedikit kerusakan properti atau kesejahteraan mereka. Ada banjir tuntutan hukum di antara orang-orang. Sering kali mereka menuntut istri mereka sendiri atau suami, atau bahkan orangtua maupun anak-anak mereka sendiri. Jika Anda sabar dengan orang lain, orang-orang bahkan mungkin mengejek Anda dan mengatakan Anda bodoh. Tapi apa yang Yesus katakan?

Dikatakan dalam Matius 5:39, *"Tetapi Aku berkata kepadamu: Janganlah kamu melawan orang yang berbuat jahat kepadamu, melainkan siapapun yang menampar pipi kananmu, berilah juga kepadanya pipi kirimu,"* dan dalam Matius 5:40, *"Dan kepada orang yang hendak mengadukan engkau karena mengingini bajumu, serahkanlah juga jubahmu."*

Yesus tidak hanya menyuruh kita untuk tidak membalas kembali kejahatan dengan kejahatan, tetapi untuk bersabar. Ia juga menyuruh kita untuk berbuat baik kepada orang-orang yang jahat. Kita mungkin berpikir, 'Bagaimana bisa kita berbuat baik kepada mereka jika kita begitu marah dan terluka?' Jika kita memiliki iman dan kasih, kita lebih dari mampu untuk melakukannya. Itu adalah iman di dalam kasih Allah yang telah memberi kita Anak Tunggal-Nya sebagai pendamaian bagi dosa kita. Jika kita percaya bahwa kita telah menerima kasih seperti ini, maka kita dapat memaafkan bahkan orang-orang yang menyebabkan penderitaan besar dan cedera kepada kita. Jika kita mengasihi Allah yang telah mengasihi kita sampai titik Ia memberikan Anak Tunggal-Nya bagi kita, dan jika kita mengasihi Tuhan yang telah memberi kita nyawa-Nya bagi kita, kita akan mampu mengasihi siapa pun dan semua orang.

Kesabaran Tanpa Batas

Beberapa orang menekan kebencian, kemarahan, atau luapan amarah dan emosi negatif mereka lainnya sampai mereka mencapai batas kesabaran mereka dan akhirnya meledak. Beberapa orang yang tertutup tidak mudah mengekspresikan dirinya tetapi hanya menderita dalam hati mereka, dan hal ini menyebabkan kondisi kesehatan tidak menjadi tidak baik yang disebabkan oleh stres yang berlebihan. Kesabaran demikian adalah seperti mengompresi pegas logam dengan tangan Anda. Jika Anda menarik tangan Anda, pegas itu hanya mencuat dan melompat.

Jenis kesabaran yang Allah ingin agar kita miliki adalah untuk bersabar sampai akhir tanpa ada perubahan sikap. Untuk lebih tepatnya, jika kita memiliki jenis kesabaran seperti ini, kita bahkan tidak harus bersabar dengan apa pun. Kita tidak akan menyimpan kebencian dan sakit hati di dalam hati kita, tapi akan menghapus sifat jahat mula-mula yang menyebabkan perasaan buruk seperti itu dan mengubahnya menjadi kasih dan pengampunan. Ini adalah inti dari makna rohani kesabaran. Jika kita tidak memiliki kejahatan apa pun di dalam hati kita melainkan hanya kasih rohani dalam kepenuhan Roh Kudus, tidak sulit bagi kita untuk mengasihi bahkan musuh-musuh kita. Pada kenyataannya, kita tidak akan membiarkan untuk permusuhan apa pun untuk berkembang sejak semula.

Jika hati kita dipenuhi kebencian, bertengkar, cemburu, dan iri hati, kita akan terlebih dahulu melihat poin negatif orang lain, meskipun mereka sebenarnya memiliki hati yang baik. Ini sama seperti jika Anda mengenakan kacamata hitam, maka semuanya terlihat lebih gelap. Namun di sisi lain, jika hati kita penuh kasih, maka bahkan orang-orang yang bertindak dengan kejahatan akan tetap terlihat menarik. Tidak peduli apa kekurangan, keburukan, kesalahan, atau kelemahan mereka, kita tidak akan membenci mereka. Bahkan jika mereka membenci kita dan bertindak jahat terhadap kita, kita tidak akan balas membenci mereka.

Kesabaran juga ada di dalam hati Yesus yang 'tidak mematahkan buluh yang sudah terkulai atau memadamkan sumbu yang sudah hampir padam'. Di dalam hati Stefanus yang berdoa bahkan bagi orang-orang yang melemparinya, dia berkata, *"Tuhan, janganlah tanggungkan dosa ini kepada mereka!"* (Kisah 7:60). Mereka melontari dia hanya karena ia mengabarkan Injil kepada mereka. Apakah sulit bagi Yesus mengasihi orang-orang berdosa? Sama sekali tidak! Hal ini karena hati-Nya adalah kebenaran itu sendiri.

Kemudian datanglah Petrus dan berkata kepada Yesus:.

"Tuhan, sampai berapa kali aku harus mengampuni saudaraku jika ia berbuat dosa terhadap aku? Sampai tujuh kali?" (Matius 18:21). Kemudian Yesus berkata, *"Bukan! Aku berkata kepadamu: Bukan sampai tujuh kali, melainkan sampai tujuh puluh kali tujuh kali"* (ay. 22).

Ini tidak berarti kita harus mengampuni hanya tujuh puluh kali tujuh, yang menjadi 490 kali. Tujuh dalam pengertian rohani melambangkan kesempurnaan. Oleh karena itu, untuk mengampuni tujuh puluh kali tujuh artinya adalah memberi pengampunan yang sempurna. Kita dapat merasakan kasih dan pengampunan Yesus yang tanpa batas.

Kesabaran yang Memenuhi Kasih rohani

Tentu saja tidak mudah untuk mengubah kebencian menjadi kasih dalam semalam. Kita harus bersabar untuk waktu yang lama, tanpa henti. Efesus 4:26 mengatakan, *"Apabila kamu menjadi marah, janganlah kamu berbuat dosa: janganlah matahari terbenam, sebelum padam amarahmu."*

Di sini mengatakan 'menjadi marah' dalam menangani orang-orang yang memiliki iman lemah. Allah sedang mengatakan kepada orang-orang bahwa bahkan jika mereka marah karena kurangnya iman orang-orang itu, mereka tidak boleh menyimpan kemarahan mereka sampai matahari terbenam, yaitu 'untuk waktu yang lama', tetapi harus membiarkan perasaan itu pergi. Dalam setiap satu ukuran iman, bahkan ketika seseorang mungkin memiliki perasaan sebal atau kemarahan yang datang dari dalam hati, jika ia berusaha untuk membuang perasaan itu dengan kesabaran dan ketekunan, ia dapat mengubah hatinya ke dalam kebenaran dan kasih rohani akan tumbuh dalam hatinya sedikit demi sedikit.

Untuk sifat berdosa yang telah berakar jauh di dalam hati, seseorang dapat membuang itu dengan sungguh-sungguh berdoa dalam kepenuhan Roh Kudus. Sangat penting bahwa kita mencoba untuk melihat orang-orang yang tidak kita sukai dengan kebaikan dan menunjukkan kepada mereka perbuatan kebaikan. Saat kita melakukan itu, kebencian dalam hati akan segera hilang, dan kita kemudian akan mampu mengasihi orang-orang. Kita tidak akan memiliki konflik dan tak akan ada seorang pun yang kita benci. Kita juga akan mampu menjalani kehidupan yang berbahagia di surga sama seperti yang dikatakan Tuhan, *"sebab sesungguhnya, Kerajaan Allah adalah di tengah-tengah Anda"* (Lukas 17:21).

Orang-orang yang mengatakan itu adalah seperti mereka berada di surga ketikxa mereka jadi bahagia. Demikian pula, kerajaan surga yang berada di tengah-tengah Anda merujuk bahwa Anda membuang semua kebohongan dari dalam hati Ada dan memenuhinya dengan kebenaran, kasih, dan kebaikan. Maka Anda tidak perlu bersabar, karena Anda akan selalu bahagia dan gembira serta dipenuhi berkat, dan karena Anda mengasihi semua orang di sekitar Anda. Semakin banyak Anda membuang kejahatan dan mencapai kebaikan, maka semakin sedikit Anda perlu bersabar. Seperti halnya Anda mencapai kasih rohani, Anda tidak perlu bersabar menekan perasaan Anda; Anda akan mampu dengan sabar dan damai menunggu orang lain untuk berubah dengan kasih.

Di surga tidak akan ada air mata, tidak ada penderitaan, dan tidak akan ada rasa sakit. Karena ada tidak kejahatan sama sekali melainkan hanya kebaikan dan kasih di Surga, Anda akan tidak membenci orang, marah atau menjadi cepat emosi terhadap siapa pun. Jadi, Anda tidak akan harus menahan dan mengendalikan emosi Anda. Tentu saja Allah kita tidak harus bersabar dalam apa pun karena dia adalah kasih itu sendiri. Alkitab mengatakan bahwa 'kasih itu sabar' alasannya karena, sebagai manusia, kita memiliki jiwa dan pikiran dan kerangka pemikiran mental. Allah ingin membantu orang-orang untuk memahami memahami. Semakin banyak Anda membuang kejahatan dan mencapai kebaikan, maka semakin sedikit Anda perlu bersabar.

Mengubah musuh menjadi teman melalui kesabaran

Abraham Lincoln, Presiden Amerika Serikat ke-16, dan Edwin Stanton tidak berhubungan baik ketika mereka masih pengacara. Stanton berasal dari keluarga yang kaya dan menerima pendidikan yang baik. Ayah Lincoln adalah seorang pembuat sepatu miskin dan ia bahkan tidak menyelesaikan sekolah dasar. Stanton mengejek Lincoln dengan kata-kata kasar. Tapi Lincoln tidak pernah marah, dan tidak pernah membalas ucapannya dengan permusuhan.

Setelah Lincoln terpilih sebagai presiden, ia menunjuk Stanton sebagai Sekretaris Perang, yang merupakan salah satu posisi paling penting di kabinet. Lincoln tahu bahwa Stanton adalah orang yang tepat. Kemudian, ketika Lincoln ditembak di Ford's Theater, banyak orang melarikan diri untuk mencari selamat. Tetapi Stanton berlari langsung ke arah Lincoln. Dengan memeluk Lincoln dan matanya dipenuhi air mata, ia berkata, "Di sinilah manusia terhebat dalam pandangan dunia. Dia adalah pemimpin terbesar dalam sejarah."

Kesabaran dalam kasih rohani dapat membawa keajaiban untuk mengubah musuh menjadi teman. Matius 5:45 berkata, *"...karena dengan demikianlah kamu menjadi anak-anak Bapamu yang di surga, yang menerbitkan matahari bagi orang yang jahat dan orang yang baik dan menurunkan hujan bagi orang yang benar dan orang yang tidak benar."*

Allah itu sabar bahkan terhadap orang-orang yang melakukan kejahatan, karena Ia ingin agar mereka suatu hari nanti akan berubah. Jika kita memperlakukan orang-orang jahat dengan jahat, itu berarti kita jahat juga, tapi jika kita bersabar dan mengasihi mereka dengan memandang kepada Allah yang akan memberi upah kepada kita, maka kita akan menerima tempat tinggal yang indah di surga nanti (Mazmur 37:8-9).

2. Kasih Itu Murah Hati

Di antara dongeng-dongeng Aesop ada cerita tentang matahari dan angin. Pada suatu hari matahari dan angin mengadakan taruhan mengenai siapa yang pertama dapat melepaskan mantel dari orang yang lewat. Angin maju duluan, dan dengan sombong menghembuskan ledakan angin yang cukup kuat untuk menggulingkan pohon. Laki-laki itu membungkus badannya semakin erat dengan mantelnya. Selanjutnya, matahari, dengan mengenakan senyum di wajahnya, memberi kehangatan lembut sinar matahari. Saat cuaca menjadi hangat, orang itu merasa panas dan segera membuka mantelnya.

Cerita ini memberikan kita pelajaran yang sangat baik. Angin mencoba untuk memaksa laki-laki itu untuk melepas mantelnya, tapi matahari membuat laki-laki tersebut yang melepas mantelnya secara sukarela. Kebaikan mirip dengan itu. Kebaikan adalah menyentuh dan mendapatkan hati orang lain bukan dengan kekuatan fisik, tetapi dengan kebaikan dan kasih.

Kebaikan Menerima Segala Jenis Orang

Ia yang mendapat kebaikan dapat menerima setiap orang, dan banyak orang bisa beristirahat di sisinya. Definisi kamus untuk kebaikan adalah 'kualitas atau keadaan yang baik' dan untuk bersikap baik adalah dengan sikap yang menerima. Jika Anda memikirkan tentang sepotong kapas, Anda dapat memahami kebaikan dengan lebih baik. Kapas tidak membuat suara bahkan ketika benda-benda lain menghantamnya. Kapas hanya merangkul semua benda lain itu.

Juga, orang yang baik adalah seperti pohon di mana banyak orang bisa beristirahat. Jika Anda pergi ke bawah pohon besar di hari musim panas yang terik untuk menghindari sinar matahari, Anda dapat merasa jauh lebih baik dan lebih teduh. Demikian pula, jika seseorang memiliki hati yang baik, banyak orang ingin berada di sisi orang itu dan beristirahat.

Biasanya, ketika seseorang begitu baik dan lembut sehingga tidak menjadi marah dengan siapa pun yang mengganggu dia, dan tidak bersikeras pada pendapatnya sendiri, dia dikatakan sebagai orang yang lemah lembut dan baik budi. Tapi tak peduli sebagaimana baik dan lembut hatinya, jika yang kebaikan itu tidak diakui oleh Allah, ia tidak bisa dianggap orang yang sungguh-sungguh lembut. Ada beberapa orang yang taat kepada orang lain hanya hanya karena sifat mereka lemah dan konservatif. Ada orang lain yang menahan kemarahan mereka meskipun pikiran mereka marah ketika orang lain memberi menyulitkan mereka. Tetapi mereka tidak dapat dianggap sebagai orang yang baik. Orang-orang yang tidak memiliki kejahatan namun hanya memiliki kasih dalam hati mereka akan menerima dan menahan orang-orang jahat dengan kelemahlembutan rohani.

Allah Menginginkan Kebaikan Rohani

Kebaikan rohani adalah hasil dari kepenuhan kasih rohani yang tidak memiliki kejahatan. Dengan ini kebaikan rohani ini Anda tidak melawan orang melainkan menerima dia, tidak peduli seberapa bajingan dia itu. Juga, Anda bertahan karena Anda bijaksana. Tetapi kita harus ingat bahwa kita tidak dapat dianggap sebagai baik hanya karena kita tanpa syarat memahami dan mengampuni orang lain dan lembut terhadap semua orang. Kita juga harus memiliki kebenaran, martabat, dan otoritas untuk dapat membimbing dan memengaruhi orang lain. Jadi, orang yang baik rohani tidak hanya lembut, tetapi juga berhikmat dan lurus. Orang yang demikian menjalani kehidupan yang penuh teladan. Untuk lebih spesifik tentang kebaikan rohani, ini adalah untuk memiliki kelembutan hati di dalam dan juga kemurahan-hati yang saleh di bagian di luar.

Bahkan jika kita memiliki hati baik tanpa kejahatan melainkan hanya kebaikan, jika kita memiliki hanya kelemahlembutan batiniah, maka kelemahlembutan itu saja tidak akan membuat kita merangkul dan memiliki pengaruh yang positif terhadap orang lain. Jadi, ketika kita miliki tidak hanya kebaikan batiniah, tetapi juga karakter luar yang penuh kemurahan hati yang saleh, maka kebaikan kita dapat disempurnakan dan kita menunjukkan kuasa yang lebih besar. Jika kita memiliki kemurahan hati dengan hati yang baik, kita dapat memenangkan hati orang banyak dan mencapai lebih banyak hal.

Seseorang dapat menunjukkan kasih yang benar kepada orang lain ketika ia memiliki kebaikan dan kemurahan hati, kepenuhan belas kasih, serta kemurahan hati yang saleh untuk mampu membimbing orang lain ke jalan yang benar. Kemudian, ia dapat membawa banyak jiwa ke jalan keselamatan, yang merupakan jalan yang tepat. Kebaikan di dalam tidak dapat menyinarkan terangnya tanpa kemurahan hati saleh di luar. Sekarang, mari kita lihat apa yang harus kita lakukan untuk menanam kebaikan batiniah.

Standar untuk mengukur Kebaikan Batiniah adalah pengudusan

Untuk mencapai kebaikan, pertama-tama, kita harus menyingkirkan kejahatan dari hati kita dan dikuduskan. Hati yang baik itu seperti kapas, dan bahkan jika seseorang bertindak agresif, hati kita tidak membuat suara melainkan hanya merangkul orang itu. Orang yang memiliki hati yang baik tidak memiliki kejahatan apa pun dan ia tidak memiliki konflik dengan orang lain. Tetapi jika kita memiliki hati yang tajam oleh kebencian, kecemburuan, dan iri hati atau hati yang keras oleh pembenaran diri dan kerangka pemikiran diri sendiri, maka sangat sulit bagi kita untuk merangkul orang lain.

Jika batu jatuh dan menyerang benda batu padat lainnya atau benda logam padat, ia akan membuat suara ribut dan memantul. Dengan cara yang sama, jika kedagingan di dalam diri kita masih hidup, kita akan mengungkapkan rasa tidak nyaman kita meskipun orang lain hanya menyebabkan sedikit ketidaknyamanan. Ketika orang diakui sebagai orang-orang yang memiliki kekurangan karakter dan kesalahan lain, kita tidak dapat menutupi, melindungi, atau memahami mereka melainkan sebaliknya kita mungkin menilai, mengutuk, menggosipkan, dan memfitnah mereka. Maka itu berarti bahwa kita seperti sebuah wadah kecil, yang meluap jika Anda mencoba untuk memasukkan apa pun ke dalamnya.

Itu adalah hati yang sangat kecil yang dipenuhi dengan begitu banyak hal yang kotor yang tidak memiliki lebih banyak ruang untuk menerima apa pun. Sebagai contoh, kita mungkin merasa tersinggung jika orang lain menunjukkan kesalahan kita. Atau, ketika kita melihat orang lain berbisik, kita mungkin berpikir mereka berbicara tentang kita dan bertanya-tanya apa yang mereka bicarakan. Kita bahkan mungkin menghakimi orang lain hanya karena mereka melirik kita sebentar.

Tidak memiliki kejahatan di dalam hati kita adalah syarat dasar untuk menumbuhkan kebaikan. Alasannya adalah bahwa ketika tidak ada kejahatan barulah kita dapat menghargai orang lain dalam hati kita dan kita dapat melihat mereka melalui kebaikan dan kasih. Orang yang baik melihat pada orang lain dengan kasih sayang dan belas kasihan sepanjang waktu. Ia tidak memiliki niat untuk menghakimi atau menghukum orang lain; ia hanya berusaha untuk memahami orang lain dengan kasih dan kebaikan, dan bahkan hati orang-orang bahkan jahat akan mencair oleh kehangatannya.

Hal ini terutama penting agar mereka yang mengajar dan membimbing orang lain harus dikuduskan. Sejauh mana mereka memiliki jahat, maka mereka akan memanfaatkan pemikiran kedagingan mereka sendiri. Sampai ke tingkat yang sama, mereka tidak bisa tidak benar membedakan situasi kawanan domba, sehingga tidak akan mampu untuk memandu jiwa-jiwa ke padang rumput yang hijau dan air yang tenang. Kita dapat menerima bimbingan Roh Kudus dan mengerti situasi kawanan domba dengan benar dan memimpin mereka dengan cara yang terbaik hanya ketika kita benar-benar dikuduskan. Allah dapat juga mengakui hanya mereka yang dikuduskan sepenuhnya yang menjadi sungguh baik. Orang yang berbeda memiliki standar yang berbeda tentang orang macam yang disebut sebagai orang baik. Tapi kebaikan dalam pandangan manusia dan pandangan Allah itu berbeda dari satu sama lain.

Allah Mengakui Kebaikan Musa

Di dalam Alkitab, Musa diakui oleh Allah karena kebaikannya. Kita bisa belajar betapa pentingnya untuk diakui oleh Allah dari Bilangan Pasal 12. Pada suatu kali, saudara lelaki dan perempuan Musa, Harun serta Miryam, mengkritik Musa karena menikahi seorang perempuan Kush.

Bilangan 12:2 berkata, *"...kata mereka, 'Sungguhkah TUHAN berfirman dengan perantaraan Musa saja? Bukankah dengan perantaraan kita juga Ia berfirman?' Dan kedengaranlah hal itu kepada TUHAN."*

Apa yang dikatakan Allah tentang perkataan mereka? *"Berhadap-hadapan Aku berbicara dengan dia, terus terang, bukan dengan teka-teki, dan ia memandang rupa TUHAN. Mengapakah kamu tidak takut mengatai hamba-Ku Musa?"* (Bilangan 12:8).

Komentar Harun dan Miryam yang menghakimi Musa membuat Allah marah. Karena itu Miryam menjadi berkusta. Harun adalah seperti seorang juru bicara bagi Musa dan Miryam adalah juga salah satu pemimpin Jemaat. Karena mereka menganggap bahwa mereka juga begitu dikasihi dan diakui oleh Allah, maka ketika mereka berpikir Musa melakukan sesuatu yang salah mereka segera mengkritiknya karena itu.

Allah tidak menerima Harun dan Miryam mengutuk dan berbicara menentang Musa menurut standar mereka sendiri. Manusia seperti apakah Musa? Ia diakui oleh Allah sebagai manusia yang rendah hati dan memiliki hati paling lembut di antara semua orang di muka bumi. Dia juga setia kepada Allah dalam semua rumah-Nya, dan untuk ini ia sangat dipercaya oleh Allah sehingga ia bahkan bisa berbicara dengan Allah dari mulut ke mulut.

Jika kita melihat ke dalam proses orang Israel keluar dari Mesir dan masuk ke tanah Kanaan, kita bisa mengerti mengapa pengakuan Allah terhadap Musa ini sangat tinggi. Orang-orang yang keluar dari Mesir berulang kali melakukan dosa, pergi melawan kehendak Allah. Mereka mengeluh kepada Musa dan menyalahkan dia untuk kesulitan yang paling kecil sekalipun, dan itu sama saja dengan mengeluh kepada Allah. Setiap kali mereka mengeluh, Musa meminta kemurahan Allah.

Ada suatu kejadian yang dramatis menunjukkan kebaikan Musa. Ketika Musa naik ke Gunung Sinai untuk menerima sepuluh perintah Allah, orang-orang membuat berhala berupa anak lembu emas – dan mereka makan, minum, dan memanjakan diri dalam kejatuhan mereka sambil menyembah berhala itu. Orang Mesir yang menyembah dewa seperti banteng dan sapi, dan mereka meniru dewa-dewa tersebut. Allah sudah menunjukkan kepada mereka bahwa Ia masih menyertai mereka berulang kali, tetapi mereka tidak menunjukkan tanda-tanda perubahan. Akhirnya, murka Allah jatuh atas mereka. Tapi saat ini Musa memohon bagi mereka dengan menjadikan hidupnya sendiri sebagai jaminan: *"Tetapi sekarang, kiranya Engkau mengampuni dosa mereka itu – dan jika tidak, hapuskanlah kiranya namaku dari dalam kitab yang telah Kautulis!"* (Keluaran 32:32).

'Kitab yang telah Kautulis' mengacu pada kitab kehidupan yang mencatat nama-nama orang yang diselamatkan. Jika nama Anda dihapuskan dari kitab kehidupan, Anda tidak bisa diselamatkan. Itu tidak cuma berarti bahwa Anda tidak menerima keselamatan, tetapi itu berarti Anda harus menderita di neraka selamanya. Musa sangat tahu tentang kehidupan setelah kematian, tetapi ia ingin menyelamatkan orang-orang itu bahkan jika ia harus menyerahkan keselamatannya bagi mereka. Hati Musa yang sedemikian ini sangat mirip dengan hati Allah yang tidak ingin ada manusia yang binasa.

Musa Menumbuhkan Kebaikan Melalui Pencobaan

Tentu saja, Musa tidak memiliki kebaikan seperti itu dari semula. Meskipun ia adalah seorang Ibrani ia dibesarkan sebagai anak dari putri Mesir dan tak kekurangan suatu apa pun. Ia menerima pendidikan kelas tertinggi akan pengetahuan Mesir dan keterampilan bertarung. Ia juga memiliki kesombongan dan pembenaran diri. Suatu hari, ia melihat seorang Mesir memukuli seorang Ibrani dan dari pembenaran dirinya, dia membunuh orang Mesir itu.

Karena ini dalam semalam dia menjadi buronan. Untungnya, dia menjadi seorang gembala di padang gurun dengan bantuan seorang Imam Midian, tetapi ia telah kehilangan segalanya. Menjaga kawanan domba adalah sesuatu yang oleh bangsa Mesir dianggap sangat rendah. Selama empat puluh tahun ia melakukan apa yang biasa dipandangnya rendah. Sementara itu dia merendahkan dirinya sepenuhnya dan menyadari banyak hal tentang kasih Allah dan kehidupan.

Allah tidak memanggil Musa, sang pangeran Mesir, untuk menjadi pemimpin umat Israel. Allah memanggil Musa si gembala yang merendahkan dirinya berkali-kali bahkan pada panggilan Allah. Dia merendahkan dirinya sepenuhnya dan membuang kejahatan dari hatinya melalui pencobaan, dan karena ini ia mampu memimpin lebih dari 600.000 orang keluar dari Mesir menuju ke negeri Kanaan.

Jadi, hal yang penting dalam menumbuhkan kebaikan adalah bahwa kita harus menumbuhkan kebaikan dan kasih dengan merendahkan diri di hadapan Allah dalam pencobaan-pencobaan yang diizinkan terjadi atas kita Tingkat kerendahan hati kita membuat perbedaan dalam kebaikan kita juga. Jika kita puas dengan keadaan pemikiran kita sekarang bahwa kita merasa telah menanam kebenaran sampai batas tertentu dan bahwa kita diakui oleh orang lain seperti dalam kasus Harun dan Miryam, maka kita akan hanya akan menjadi sombong.

Kemurahan Hati Menyempurnakan Kebaikan Rohani

Untuk menumbuhkan kebaikan rohani tidak hanya kita harus dikuduskan dengan membuang segala bentuk kejahatan, tetapi kita juga harus menanam kemurahan hati yang saleh. Kemurahan-hati yang saleh adalah memahami secara luas dan menerima orang lain dengan adil; untuk melakukan hal yang benar sesuai dengan kewajiban manusia; dan untuk memiliki karakter yang memungkinkan orang lain untuk memberikan dan menyerahkan hati mereka, dengan memahami kekurangan mereka dan menerima mereka, dan bukan dengan kekuatan fisik. Orang-orang yang seperti ini memiliki kasih untuk menginspirasi keyakinan dan kepercayaan pada orang lain.

Kemurahan hati yang saleh adalah seperti pakaian yang dikenakan seseorang. Tidak peduli seberapa baik kita di dalam hati, jika kita telanjang, kita akan dipandang rendah oleh orang lain. Demikian juga, tidak peduli betapa baiknya kita, kita tidak bisa benar-benar menunjukkan nilai dari kebaikan kita kecuali kita memiliki kemurahan hati yang saleh. Misalnya, seseorang baik di dalam, tapi ia mengucapkan banyak hal sia-sia ketika ia berbicara dengan orang lain. Seperti orang yang demikian tidak memiliki niat jahat dalam melakukannya, tapi dia tidak sungguh-sungguh memperoleh kepercayaan dari orang lain karena ia tidak terlihat santun atau berpendidikan. Ada orang yang tidak memiliki ada perasaan sebal karena mereka memiliki kebaikan, dan mereka tidak menyebabkan kerugian kepada orang lain. Tetapi jika mereka tidak aktif membantu orang lain atau memperlakukan orang lain dengan hati-hati, akan sulit bagi mereka untuk memenangkan hati orang banyak.

Bunga yang tidak memiliki warna yang indah atau aroma yang wangi tidak dapat menarik setiap lebah atau kupu-kupu ke arah mereka, bahkan walaupun mereka memiliki banyak nektar. Demikian pula, walaupun jika kita sangat baik dan kita dapat memberikan pipi yang satu lagi jika seseorang menampar salah satu pipi kita, maka kebaikan kita benar-benar tidak bersinar kecuali jika kita memiliki kemurahan hati yang saleh dalam perkataan dan perbuatan kita. Kebaikan sejati dicapai dan ini dapat menunjukkan nilainya yang sejati hanya ketika kebaikan batiniah kita memakai pakaian luar kemurahan hati yang saleh.

Yusuf memiliki kemurahan hati yang saleh ini. Ia adalah putra kesebelas Yakub, bapa dari semua Israel. Yusuf dibenci oleh saudara-saudaranya dan dijual sebagai budak ke Mesir. Tetapi dengan bantuan Allah ia menjadi Perdana Menteri Mesir pada usia tiga puluh tahun. Mesir pada waktu itu adalah suatu bangsa yang sangat kuat yang berpusat di Sungai Nil. Ini salah satu dari empat besar 'buaian peradaban'. Para penguasa dan rakyat Mesir sangat bangga pada diri mereka sendiri, dan sama sekali bukan hal yang yang mudah untuk menjadi Perdana Menteri sebagai orang asing. Jika ia punya kesalahan apa pun, ia harus segera mengundurkan diri.

Tapi bahkan dalam situasi seperti ini, Yusuf mengelola Mesir sangat baik dan sangat bijak. Ia memilik sifat baik dan rendah hati, dan tidak ada kesalahan dalam kata-kata dan tindakannya. Ia juga memiliki kebijaksanaan dan martabat sebagai penguasa. Ia memiliki kuasa sebagai orang kedua setelah raja, tetapi ia tidak mencoba untuk mendominasi orang-orang atau memamerkan dirinya. Dia bersikap ketat terhadap dirinya, tetapi dia sangat murah hati dan lembut kepada orang lain. Oleh karena itu raja dan menteri lainnya tidak memiliki kecurigaan dan berhati-hati akan dia ataupun menjadi iri kepadanya; mereka menempatkan kepercayaan mereka yang penuh kepadanya. Kita dapat menyimpulkan fakta ini dengan mempertimbangkan betapa hangatnya bangsa Mesir menyambut keluarga Yusuf, yang pindah ke Mesir dari Kanaan untuk melepaskan diri dari kelaparan.

Kebaikan Yusuf Didampingi oleh Kemurahan Hati Saleh

Jika seseorang memiliki kemurahan hati ini, itu berarti ia memiliki hati yang luas, dan ia akan tidak menghakimi ataupun menghukum orang lain dengan standarnya sendiri meskipun dia lurus dalam perkataan dan perbuatannya. Karakteristik Yusuf ini juga dinyatakan ketika saudara-saudaranya, yang telah menjual dirinya ke dalam perbudakan di Mesir, masuk ke Mesir untuk mendapatkan makanan.

Pada awalnya, saudara-saudaranya tidak mengenali Yusuf. Hal ini cukup dimengerti karena mereka tidak melihatnya selama lebih dari dua puluh tahun. Selain itu, mereka tidak mungkin bisa membayangkan bahwa Yusuf telah menjadi Perdana Menteri Mesir. Sekarang, apa yang dirasakan Yusuf ketika ia melihat saudara-saudaranya yang hampir membunuhnya dan akhirnya menjual dirinya ke dalam perbudakan di Mesir? Dia memiliki kekuatan untuk membuat mereka membayar dosa mereka. Tapi Yusuf tidak ingin membalas dendam. Ia menyembunyikan identitasnya dan menguji mereka beberapa kali untuk melihat apakah hati mereka masih sama seperti di masa lalu.

Yusuf sebenarnya memberi mereka kesempatan untuk bertobat dari dosa-dosa mereka di hadapan Allah sendiri, karena dosa berencana untuk membunuh dan menjual saudara mereka sendiri sebagai budak di negara lain bukanlah sesuatu dosa yang kecil. Ia tidak hanya tanpa pandang bulu memaafkan atau menghukum mereka, tetapi ia menangani situasi dengan sedemikian rupa sehingga saudara-saudaranya bisa bertobat sendiri dari dosa-dosa mereka. Akhirnya, hanya setelah saudara-saudaranya mengingat kesalahan mereka dan menyesal, Yusuf mengungkapkan identitasnya.

Pada saat itu, saudara-saudaranya menjadi ketakutan. Nyawa mereka berada di tangan saudara mereka, Yusuf, yang sekarang menjadi Perdana Menteri Mesir, bangsa yang terkuat di bumi pada saat itu. Tapi Yusuf tidak punya keinginan untuk bertanya kepada mereka mengapa mereka melakukan perbuatan mereka itu. Ia tidak mengancam mereka dengan berkata, "sekarang kalian akan membayar dosa-dosa kalian." Tetapi sebaliknya dia mencoba untuk menghibur mereka dan meringankan pikiran mereka. *"Tetapi sekarang, janganlah bersusah hati dan janganlah menyesali diri, karena kamu menjual aku ke sini, sebab untuk memelihara kehidupanlah Allah menyuruh aku mendahului kamu"* (Kejadian 45:5).

Dia mengakui fakta bahwa segala sesuatu terjadi dalam rencana Allah. Joseph tidak hanya mengampuni saudara-saudaranya dari dalam hatinya, tetapi ia juga menghibur hati mereka dengan kata-kata yang menyentuh, memahami mereka sepenuhnya. Itu berarti Yusuf menunjukkan tindakan yang bahkan bisa menyentuh musuh, yang merupakan kemurahan hati saleh yang terlihat di luar. Kebaikan Yusuf disertai dengan kemurahan hati adalah sumberdaya untuk menyelamatkan begitu banyak jiwa di Mesir dan sekitarnya dan merupakan dasar untuk menggenapi rencana Allah menakjubkan. Sebagaimana dijelaskan sejauh ini, kemurahan hati saleh adalah ekspresi luar kebaikan batiniah, dan dapat menjangkau hati banyak orang serta menunjukkan kuasa yang besar.

Pengudusan Diperlukan Untuk Memiliki Kemurahan Hati Saleh

Sama seperti kebaikan batiniah dapat dicapai melalui pengudusan, kemurahan hati saleh juga dapat ditanam ketika kita membuang kejahatan dan dikuduskan. Tentu saja, bahkan jika salah satu tidak dikuduskan, manusia mungkin dapat menunjukkan tindakan-tindakan saleh dan murah hati sampai batas tertentu melalui pendidikan yang diperolehnya atau karena ia dilahirkan dengan hati yang lapang. Tapi kemurahan hati saleh yang sejati dapat keluar dari hati yang bebas dari kejahatan yang hanya mengikuti kebenaran. Jika kita ingin memupuk kemurahan hati saleh sepenuhnya, tidak cukup bagi kita hanya membuang akar utama kejahatan dari dalam hati kita. Kita harus membuang bahkan jejak kejahatan (1 Tesalonika 5:22).

Yang dikutip dari Matius 5:48, *"Karena itu haruslah kamu sempurna, sama seperti Bapamu yang di surga adalah sempurna."* Ketika kita telah membuang semua jenis kejahatan dari dalam hati dan juga menjadi tidak bercela dalam ucapan, perbuatan, dan perilaku, kita dapat menumbuhkan kebaikan sehingga banyak orang bisa beristirahat di dalam kita. Untuk alasan ini kita tidak boleh menjadi puas ketika akhirnya kita mencapai tingkat dimana kita menyingkirkan kejahatan seperti kebencian, iri hati, kecemburuan, kesombongan, dan cepat marah.

Kita juga harus membuang bahkan kesalahan kecil dari tubuh kita dan menunjukkan perbuatan kebenaran melalui Firman Allah dan doa yang tekun, dan dengan menerima bimbingan Roh Kudus.

Apa Kesalahan Tubuh Itu? Roma 8:13 mengatakan, *"Sebab, jika kamu hidup menurut daging, kamu akan mati; tetapi jika oleh Roh kamu mematikan perbuatan-perbuatan tubuhmu, kamu akan hidup."*

Tubuh di sini tidak hanya merujuk kepada tubuh fisik kita. Tubuh rohani mengacu pada tubuh manusia setelah kebenaran telah dikeluarkan darinya. Oleh karena itu, perbuatan tubuh merujuk pada perbuatan yang datang dari kebohongan yang telah memenuhi manusia yang telah berubah menjadi daging. Perbuatan tubuh mencakup bukan hanya dosa-dosa nyata tetapi juga semua jenis perbuatan atau tindakan yang tidak sempurna.

Saya memiliki pengalaman aneh di masa lalu. Ketika saya menyentuh benda-benda, saya merasa seolah saya telah menerima kejutan listrik dan saya akan kedutan setiap kali itu terjadi. Saya menjadi takut untuk menyentuh apa pun. Tentu saja, setiap kali saya menyentuh apa pun setelah itu, aku berdoa memanggil Tuhan di dalam pikiran saya. Saya tidak punya perasaan seperti itu ketika saya menyentuh benda dengan sangat hati-hati. Ketika membuka pintu, saya memegang knop pintu dengan sangat lembut. Saya menjadi sangat berhati-hati bahkan ketika saya berjabat tangan dengan anggota jemaat gereja. Fenomena tersebut berlangsung selama beberapa bulan, dan semua perilaku saya menjadi sangat berhati-hati dan lembut. Kemudian saya jadi menyadari bahwa Allah menjadikan perbuatan tubuh saya sempurna melalui pengalaman seperti itu.

Ini mungkin dianggap sepele, tapi cara perilaku seseorang itu sangat penting. Beberapa orang terbiasa melakukan kontak fisik dengan orang lain ketika mereka tertawa atau berbicara dengan orang-orang yang berada di sebelah mereka. Beberapa orang memiliki suara yang sangat nyaring tidak perduli waktu dan tempat serta menyebabkan ketidaknyamanan bagi orang lain. Perilaku ini bukanlah kesalahan besar, tetapi mereka masih merupakan perbuatan tubuh yang tidak sempurna. Orang-orang yang memiliki kemurahan hati dan berbudi luhur mempunyai perilaku yang lurus dalam kehidupan sehari-hari mereka, dan banyak orang yang ingin beristirahat di dalamnya.

Mengubah Karakter Hati

Berikutnya, kita harus mengembangkan karakter hati kita untuk memiliki kemurahan hati luhur. Karakter dari hati mengacu pada ukuran hati. Menurut masing-masing karakter hati seseorang, sebagian orang melakukan lebih dari apa yang diharapkan dari mereka, sementara sebagian orang lain melakukan hal sebatas yang ditugaskan kepada mereka atau agak kurang dari itu. Seseorang dengan kemurahan hati luhur ini memiliki karakter hati yang besar dan lapang, sehingga dia tidak hanya mengurus masalah-masalah pribadinya sendiri, tetapi ia juga mengurus orang lain.

Filipi 2:4 mengatakan, *"Dan janganlah tiap-tiap orang hanya memperhatikan kepentingannya sendiri, tetapi kepentingan orang lain juga."* Karakter hati ini dapat menjadi berbeda menurut seberapa besar kita meluaskan hati kita dalam segala keadaan, sehingga kita dapat mengubahnya melalui usaha yang terus. Jika kita tak sabar hanya memperhatikan kepentingan pribadi kita sendiri, kita harus berdoa secara rinci dan mengubah pikiran kita sempit menjadi hati lapang yang terlebih dulu memikirkan mempertimbangkan keuntungan dan keadaan orang lain.

Sampai ia dijual untuk menjadi budak di Mesir, Yusuf dibesarkan seperti tanaman dan bunga di rumah kaca. Dia tidak bisa memperdulikan setiap urusan rumah atau mengukur hati dan situasi saudaranya yang tidak dikasihi oleh ayah mereka. Namun, melalui berbagai-bagai pencobaan, ia jadi memiliki hati untuk mengamati dan mengelola setiap sudut lingkungannya, dan dia belajar untuk memikirkan hati orang lain.

Allah melapangkan hati Yusuf untuk menyiapkannya untuk waktu ketika Yusuf akan menjadi Perdana Menteri Mesir. Jika kita mencapai karakter hati ini dengan hati yang baik dan tidak bercela, kita juga dapat mengelola dan mengurus sebuah organisasi besar. Ini adalah suatu kebajikan yang harus dimiliki seorang pemimpin.

Berkat Untuk yang Baik Hati

Berkat-berkat seperti apakah yang akan diberikan kepada orang-orang yang telah mencapai kebaikan sempurna dengan menghapus kejahatan dari hatinya dan menanamkan kemurahan hati luhur di bagian luar? Seperti dikatakan dalam Matius 5:5, *"Berbahagialah orang yang lemah lembut, karena mereka akan memiliki bumi,"* dan dalam Mazmur 37:11, *"Tetapi orang-orang yang rendah hati akan mewarisi negeri dan bergembira karena kesejahteraan yang berlimpah-limpah,"* mereka dapat mewarisi negeri. Negeri di sini melambangkan tempat tinggal kerajaan surga, dan mewarisi negeri berarti "menikmati kuasa besar di surga di masa depan."

Mengapa mereka akan menikmati kekuasaannya yang besar di surga? Orang yang baik menguatkan jiwa-jiwa lainnya dengan hati Allah Bapa kita dan menggerakkan hati mereka. Semakin jiwa-jiwa itu menjadi lembut, maka akan semakin banyak jiwa-jiwa lain yang akan beristirahat dalam dirinya dan akan dibimbingnya menuju keselamatan. Jika kita dapat menjadi orang hebat di mana banyak orang menemukan peristirahatan, berarti kita telah melayani orang lain sampai tahap yang besar. Kekuasaan Surgawi akan diberikan kepada mereka yang melayani. Matius 23:11 mengatakan, *"Barangsiapa terbesar di antara kamu, hendaklah ia menjadi pelayanmu."*

Dengan demikian, seorang yang lembut akan dapat menikmati kuasa besar dan mewarisi negeri yang luas sebagai tempat kediaman ketika ia mencapai surga. Bahkan di dunia ini, orang-orang yang memiliki kekuasaan, harta, popularitas, dan otoritas besar, diikuti oleh banyak orang. Tetapi jika mereka kehilangan semua yang mereka miliki, mereka akan kehilangan sebagian besar otoritas mereka, dan banyak orang yang mengikuti mereka akan meninggalkan mereka. Kuasa rohani mengikuti orang yang murah hati berbeda dari dunia ini. Kuasa itu tidak hilang atau berubah. Di bumi ini, seperti jiwa-nya sejahtera, dia berhasil dalam segala sesuatu. Juga, di surga, dia akan sangat dikasihi oleh Allah selamanya dan dihormati oleh jiwa-jiwa yang tak terhitung jumlahnya.

3. Kasih Itu Tidak Cemburu

Beberapa siswa sangat baik mengatur dan mengumpulkan catatan mereka pada pertanyaan-pertanyaan yang mereka sebelumnya lewatkan pada tes. Mereka memeriksa alasan mengapa mereka gagal untuk mendapatkan jawaban yang benar untuk suatu pertanyaan dan memahami subjek secara menyeluruh sebelum mereka melanjutkan. Mereka mengatakan metode ini sangat efektif untuk mempelajari subjek yang mereka anggap sulit dalam jangka waktu yang lebih pendek. Metode yang sama juga harus diterapkan ketika menanam kasih rohani. Jika kita meneliti perbuatan dan perkataan kita secara terinci serta membuang kekurangan kita satu per satu, maka kita dapat mencapai kasih rohani dalam jangka waktu yang lebih pendek. Mari kita lihat pada karakteristik kasih rohani yang berikutnya — 'Kasih itu tidak cemburu'.

Kecemburuan terjadi ketika perasaan cemburu, kepahitan, dan ketidakbahagiaan tumbuh berlebihan dan tindakan-tindakan kejahatan dilakukan terhadap orang lain. Jika kita memiliki rasa cemburu dan iri hati dalam pikiran kita, kita akan memiliki perasaan sakit ketika kita melihat orang lain mendapat pujian atau disukai. Jika kita menemukan orang yang lebih berpengetahuan, lebih kaya, dan lebih kompeten daripada kita, atau jika salah satu rekan kerja kita menjadi makmur dan mendapatkan disukai banyak orang, kita bisa merasakan iri. Kadang-kadang kita mungkin membenci orang itu, ingin mengambil semua yang dia miliki dan mengalahkannya.

Di sisi lain kita mungkin merasa berkecil hati dan berpikir,

"Dia begitu disukai oleh orang lain, tetapi siapa saya ini? Saya bukan apa-apa!" Dengan kata lain, kita merasa berkecil hati karena kita membandingkan diri dengan orang lain. Ketika kita merasa berkecil hati sebagian dari kita mungkin menganggap hal ini bukan cemburu. Tetapi kasih bersukacita dengan kebenaran. Dengan kata lain, jika kita memiliki kasih sejati kita akan bersukacita ketika orang lain makmur. Jika kita tidak berkecil hati dan menegur diri sendiri, atau tidak bersukacita dalam kebenaran, hal ini karena ego atau 'kedirian' kita yang masih aktif. Karena 'diri' kita masih hidup, kesombongan kita terluka ketika kita merasa kita kurang daripada orang lain.

Ketika pikiran iri tumbuh dan kemudian keluar dalam perkataan dan perbuatan yang jahat, ini adalah rasa cemburu yang dibicarakan oleh pasal kasih ini. Jika kecemburuan berkembang menjadi keadaan yang parah, seseorang dapat membahayakan atau bahkan membunuh orang lain. Cemburu adalah ungkapan luar dari hati yang jahat dan kotor, dan dengan demikian sangat sulit bagi yang mempunyai kecemburuan untuk menerima keselamatan (Galatia 5:19-21). Hal ini karena cemburu merupakan pekerjaan nyata dari daging, yang merupakan dosa yang tampak dilakukan di permukaan. Kecemburuan dapat dikategorikan menjadi beberapa jenis.

Kecemburuan dalam Hubungan Romantis

Kecemburuan diprovokasi untuk bertindak ketika seseorang dalam hubungan ingin untuk menerima lebih banyak kasih dan dukungan daripada yang ia terima. Misalnya, dua isteri Yakub, Lea dan Rahel, yang saling iri satu dengan yang lain dan masing-masing ingin lebih disayangi oleh Yakub. Lea dan Rahel adalah bersaudara, keduanya anak-anak perempuan Laban, paman Yakub.

Yakub menikahi Lea karena tipu daya pamannya, Laban, terlepas dari keinginannya. Yakub sesungguhnya mencintai adik Lea, Rahel, dan mendapatkan dirinya sebagai istri setelah 14 tahun melayani pamannya. Dari awal Yakub lebih mencintai Rachel. Namun Lea telah melahirkan empat anak sementara Rachel tidak mampu melahirkan anak.

Pada waktu itu memalukan bagi perempuan untuk tidak memiliki anak-anak, dan Rachel terus-menerus cemburu kepada kakaknya, Lea. Ia sangat dibutakan kecemburuannya sehingga ia juga membuat suaminya, Yakub, menjadi menderita. *"Berikanlah kepadaku anak; kalau tidak, aku akan mati"* (Kejadian 30:1).

Baik Rahel dan Lea memberikan budak mereka masing-masing kepada Yakub sebagai gundik untuk mengambil kasihnya secara eksklusif. Jika mereka sedikit saya menaruh kasih sejati dalam hati mereka, mereka bisa bersukacita ketika yang lain lebih disayangi oleh suami mereka. Kecemburuan membuat mereka semua – Lea, Rahel dan Yakub – tidak bahagia. Lebih jauh, hal itu memengaruhi anak-anak mereka juga.

Cemburu Ketika Keadaan Orang Lain Lebih Beruntung

Aspek kecemburuan bagi setiap individu berbeda sesuai dengan nilai-nilai kehidupan masing-masing. Tapi biasanya ketika yang lain lebih kaya, lebih berpengetahuan, dan lebih kompeten daripada kita atau ketika yang lain lebih disukai dan dikasihi, kita dapat menjadi cemburu. Tidak sulit untuk menemukan diri kita dalam situasi kecemburuan di sekolah, di tempat kerja, dan di rumah ketika rasa cemburu datang dari perasaan bahwa orang lain lebih baik daripada kita. Ketika rekan kita lebih maju dan lebih makmur daripada kita, kita bisa membenci dan dan memfitnah yang lain. Kita mungkin berpikir bahwa kita harus mengalahkan orang lain untuk menjadi lebih makmur dan lebih disukai.

Sebagai contoh, beberapa orang mengungkapkan kesalahan dan kekurangan orang lain dii tempat kerja dan menyebabkan mereka jadi dicurigai secara tidak adil dan diawasi oleh senior karena mereka ingin menjadi orang yang dipromosikan di perusahaan mereka. Siswa muda juga tidak luput dari ini. Beberapa siswa mengganggu siswa lain yang unggul secara akademis atau mengganggu siswa yang disukai oleh guru. Di rumah, anak-anak memfitnah dan bertengkar dengan saudara dan saudarinya untuk mendapatkan pengakuan yang lebih besar dan lebih disayangi orangtua. Orang lain melakukannya karena mereka ingin mewarisi lebih banyak harta dari orangtuanya.

Itulah yang terjadi dengan Kain, pembunuh pertama dalam sejarah umat manusia. Allah hanya menerima persembahan Habel. Kain merasa diremehkan dan saat kecemburuan semakin terbakar di dalam dirinya, akhirnya ia membunuh saudaranya sendiri, Habel. Dia pasti telah mendengar berkali-kali tentang pengorbanan darah binatang dari orang tuanya, Adam dan Hawa, dan seharusnya tahu tentang hal dengan baik. *"Dan hampir segala sesuatu disucikan menurut hukum Taurat dengan darah, dan tanpa penumpahan darah tidak ada pengampunan"* (Ibrani 9:22).

Namun demikian, ia hanya memberi korban berupa hasil panen dari tanah pertaniannya. Sebaliknya, Habel memberikan korban anak sulung kambing domba dengan sepenuh hatinya menurut kehendak Allah. Beberapa mungkin mengatakan tidak sulit untuk Habel memberikan korban berupa anak domba karena dia adalah seorang gembala, tapi bukan itu sebabnya Dia mengetahui tentang kehendak Allah dari orangtuanya dan ia ingin mengikuti kehendak-Nya. Karena alasan inilah Allah hanya menerima korban Habel. Kain menjadi cemburu kepada saudaranya bukannya menyesali kesalahannya. Setelah dinyalakan, api kecemburuan tidak bisa dipadamkan, dan akhirnya dia membunuh saudaranya, Habel. Betapa sakitnya hati Adam dan Hawa karena hal ini!

Kecemburuan di Antara Saudara-Saudara Seiman

Ada orang percaya yang cemburu kepada saudara lainnya dalam iman yang berada di depan mereka dalam hal urutan, posisi, iman, atau kesetiaan kepada Allah. Fenomena seperti ini biasanya terjadi ketika orang lain itu sama dengan mereka dalam hal usia, posisi, dan lamanya waktu menjadi orang percaya, atau ketika mereka mengenal orang lain itu dengan baik.

Seperti dikatakan Matius 19:30, *"Tetapi banyak orang yang terdahulu akan menjadi yang terakhir, dan yang terakhir akan menjadi yang terdahulu,"* kadang-kadang orang-orang yang kurang dari kita dalam hal tahun iman, usia, dan gelar di gereja mungkin mendahului kita. Kemudian, kita merasakan kecemburuan yang kuat terhadap mereka. Rasa cemburu seperti itu tidak hanya ada di antara orang percaya di dalam gereja yang sama. Mungkin itu terjadi di antara pendeta dan anggota gereja, di antara gereja-gereja, atau bahkan di antara organisasi Kristen yang berbeda. Ketika seseorang memberikan kemuliaan bagi Allah, Semua harus bersukacita bersama-sama, tetapi mereka malah memfitnah orang lain sebagai bidaah dalam upaya untuk menurunkan nama orang atau organisasi lainnya itu. Apa yang akan dirasakan orangtua jika anak-anak mereka bertengkar dan saling membenci satu sama lain? Bahkan walaupun anak-anak memberi mereka makanan yang baik dan hal-hal baik, orangtua tidak akan bahagia. Dan jika orang-orang percaya yang sama-sama merupakan anak-anak Allah bertengkar dan berkelahi di antara satu sama lain, atau jika ada kecemburuan di antara gereja-gereja, itu hanya akan menyebabkan Tuhan kita menjadi sangat berduka.

Kecemburuan Saul Terhadap Daud

Saul adalah raja pertama Israel. Dia menyia-nyiakan hidupnya menjadi iri terhadap Daud. Bagi Saul, Daud adalah seperti seorang kesatria berbaju zirah yang menyelamatkan negaranya. Ketika semangat tentara terpuruk begitu dalam karena intimidasi Goliath dari Filistin, Daud membuat laju seperti meteor dan membunuh juara bangsa Filistin itu hanya dengan katapel. Satu tindakannya ini membawa kemenangan bagi Israel. Sejak itu, Daud melakukan beberapa tugas berjasa dalam menjaga negara dari serangan-serangan orang Filistin. Masalah antara Saul dan

Daud muncul pada saat ini. Saul mendengar sesuatu yang sangat mengganggu dari kerumunan rakyat yang menyambut Daud yang kembali dengan kemenangan di medan perang. Itu, *"Saul telah membunuh beribu-ribu musuh, tetapi Daud berlaksa-laksa"* (1 Samuel 18:7).

Saul sangat tidak nyaman dan dia berpikir, *"bagaimana bisa mereka membandingkan aku dengan Daud? Dia hanyalah seorang anak gembala!"*

Kemarahan ini meningkat karena dia di terus memikirkan tentang pernyataan itu. Dia tidak berpikir bahwa sungguh tepat bagi rakyat untuk memuji Daud begitu rupa, dan dari saat itu tindakan-tindakan Daud jadi tampak mencurigakan baginya. Saul mungkin menganggap Daud bertindak dengan cara untuk memenangkan hati rakyat. Sekarang, panah kemarahan Saul tertuju kepada Daud. Dia berpikir, 'Daud jika sudah telah memperoleh hati rakyat, maka pemberontakan hanya tinggal menunggu waktu!'

Saat pikirannya menjadi semakin dibesar-besarkan, Saul mencari kesempatan untuk membunuh Daud. Pada satu waktu, Saul telah menderita dari roh-roh jahat dan Daud bermain kecapi baginya. Saul mengambil kesempatan itu dan melontarkan tombaknya kepada Daud. Untungnya Daud berhasil mengelakkannya dan melarikan diri. Tetapi Saul tidak menyerah dari usahanya untuk membunuh Daud. Dia mengejar Daud dengan pasukannya terus-menerus.

Meskipun demikian, Daud tidak punya keinginan untuk menyakiti Saul karena sang raja telah diurapi oleh Allah, dan Raja Saul tahu itu. Tapi api cemburu Saul yang terbakar tidak menjadi dingin. Saul terus-menerus menderita karena pikiran mengganggu yang timbul dari iri hatinya. Sampai dia terbunuh dalam pertempuran dengan orang Filistin, Saul tidak mempunyai berhenti cemburu kepada Daud.

Orang-orang yang Cemburu Kepada Musa

Dalam Bilangan 16, kita membaca tentang Korah, Datan, dan Abiram. Korah adalah seorang Lewi, dan Datan serta Abiram berasal dari suku Ruben. Mereka mendendam terhadap Musa dan saudara serta penolongnya, Harun. Mereka membenci kenyataan bahwa Musa telah seorang pangeran dari Mesir dan sekarang dia memerintah mereka meskipun ia adalah seorang pelarian dan seorang gembala di Midian. Di sudut yang lain, mereka sendiri ingin menjadi pemimpin. Jadi, mereka membuat kontak dengan orang-orang untuk membuat mereka masuk dalam kelompok mereka.

Korah, Datan, dan Abiram mengumpulkan 250 orang untuk mengikuti mereka dan mereka mengira mereka akan mendapatkan kekuasaan. Mereka mendatangi Musa dan Harun dan berdebat dengan mereka. Mereka berkata, *"Sekarang cukuplah itu! Segenap umat itu adalah orang-orang kudus, dan TUHAN ada di tengah-tengah mereka. Mengapakah kamu meninggi-ninggikan diri di atas jemaah TUHAN?"* (Bilangan 16:3).

Bahkan meskipun mereka tidak menggunakan tanggung-tanggung dalam menghadapi dia, Musa tidak membalas perkataan mereka. Dia hanya berlutut di hadapan Allah untuk berdoa dan mencoba untuk membiarkan mereka sadar dari kesalahan mereka dan ia memohonkan pada Allah untuk penghakiman-Nya. Pada waktu itu murka Allah bangkit melawan Korah Datan, dan Abiram serta orang-orang yang mengikuti mereka. Bumi membuka mulutnya, dan Korah, Datan serta Abiram, bersama dengan istri dan anak-anak mereka serta anak-anak kecil mereka turun hidup-hidup ke dunia orang mati. Api juga datang dari TUHAN dan memakan dua ratus lima puluh orang yang mempersembahkan ukupan itu.

Musa tidak melakukan yang jahat kepada orang-orang (Bilangan 16:15). Dia hanya melakukan semua yang terbaik untuk memimpin bangsa. Ia membuktikan bahwa Allah menyertai mereka dari waktu ke waktu melalui tanda-tanda dan mukjizat. Dia menunjukkan kepada mereka Sepuluh Tulah di Mesir; Dia membawa mereka menyeberangi Laut Merah di daratan oleh dengan membelahnya menjadi dua; Dia memberi mereka air dari batu, dan membuat mereka makan manna dan burung puyuh di padang gurun. Bahkan kemudian mereka memfitnah dan melawan Musa dengan mengatakan ia meninggi-ninggikan dirinya.

Allah juga membiarkan orang melihat betapa sungguh suatu dosa yang besar untuk cemburu kepada Musa. Menghakimi dan mengutuk orang yang ditetapkan oleh Allah adalah sama seperti menghakimi dan mengutuk Allah Sendiri. Oleh karena itu, kita tidak boleh sembarangan mengkritik gereja atau organisasi yang beroperasi dalam nama Tuhan dengan mengatakan mereka salah atau bidaah. Karena kita semua saudara dan saudari di dalam Allah, kecemburuan di antara kita adalah suatu dosa yang besar di hadapan Allah.

Kecemburuan Atas Hal-Hal yang Sia-Sia

Dapatkah kita memperoleh apa yang kita inginkan hanya dengan menjadi cemburu? Sama sekali tidak! Kita mungkin mampu menempatkan orang lain dalam situasi sulit dan mungkin kelihatannya kita akan melewati mereka, tetapi pada kenyataannya kita tidak bisa mendapatkan semua yang kita inginkan. Yakobus 4:2 mengatakan, *"Kamu mengingini sesuatu, tetapi kamu tidak memperolehnya, lalu kamu membunuh; kamu iri hati, tetapi kamu tidak mencapai tujuanmu, lalu kamu bertengkar dan kamu berkelahi."*

Alih-alih cemburu, pikirkan apa yang tercatat dalam Ayub 4:8, *"Yang telah kulihat ialah bahwa orang yang membajak kejahatan dan menabur kesusahan, ia menuainya juga."* Kejahatan yang Anda lakukan akan kembali kepada Anda seperti bumerang.

Sebagai balasan atas kejahatan yang Anda tabur, Anda mungkin menghadapi bencana dalam keluarga atau di tempat kerja. Seperti Amsal 14:30 mengatakan, *"Hati yang tenang menyegarkan tubuh, tetapi iri hati membusukkan tulang,"* kecemburuan hanya menghasilkan kerugian pada diri sendiri, dan dengan demikian sungguh sia-sia. Oleh karena itu, jika Anda ingin pergi mendahului orang lain, Anda harus meminta kepada Allah yang mengendalikan segala sesuatu alih-alih membuang energi Anda dalam pikiran dan tindakan kecemburuan.

Tentu saja, Anda tidak dapat memperoleh segala sesuatu yang Anda minta. Dalam Yakobus 4:3, dikatakan, *"Atau kamu berdoa juga, tetapi kamu tidak menerima apa-apa, karena kamu salah berdoa, sebab yang kamu minta itu hendak kamu habiskan untuk memuaskan hawa nafsumu."* Jika Anda meminta sesuatu untuk dihabiskan pada kesenangan Anda, Anda tidak dapat menerimanya karena itu bukan kehendak Allah. Tetapi dalam kebanyakan kasus orang hanya meminta karena mengikuti nafsu mereka. Mereka meminta kekayaan, ketenaran, dan kekuasaan untuk kenyamanan dan kesombongan mereka sendiri. Ini menyedihkan saya dalam aliran pelayanan saya. Berkat yang benar dan sejati bukanlah kekayaan, ketenaran, dan kuasa, melainkan kesejahteraan jiwa seseorang.

Tidak peduli seberapa banyak hal yang Anda miliki dan menikmati, apa gunanya semua itu jika Anda tidak menerima keselamatan? Yang harus kita ingat adalah bahwa semua hal di bumi ini akan hilang seperti kabut. 1 Yohanes 2:17 mengatakan, *"Dan dunia ini sedang lenyap dengan keinginannya, tetapi orang yang melakukan kehendak Allah tetap hidup selama-lamanya,"* dan Pengkhotbah 12:8 mengatakan, *'Kesia-siaan atas kesia-siaan, kata Pengkhotbah, segala sesuatu adalah sia-sia!'*

Saya berharap Anda tidak akan menjadi cemburu kepada saudara dan saudari Anda dengan menggantungkan pada hal-hal yang tidak berarti di dunia ini melainkan memiliki hati yang benar di mata Allah. Kemudian, Allah akan menjawab kerinduan hati Anda dan memberikan kerajaan surga yang kekal.

Iri Hati dan Keinginan Rohani

Orang percaya kepada Allah namun mereka menjadi cemburu karena mereka memiliki sedikit iman dan kasih. Jika Anda kekurangan kasih Allah dan memiliki iman yang kecil di dalam kerajaan surga, Anda mungkin menjadi cemburu untuk mendapatkan kekayaan, ketenaran, dan kekuasaan dunia ini. Jika Anda memiliki keyakinan penuh akan hak-hak dari anak-anak Allah dan kewarganegaraan surga, maka saudara dan saudari dalam Kristus menjadi jauh lebih berharga daripada keluarga duniawi Anda. Hal ini karena Anda percaya bahwa Anda akan hidup dengan mereka selamanya di surga.

Bahkan orang tidak percaya yang belum menerima Yesus Kristus adalah berharga dan mereka merupakan orang-orang yang kita harus pimpin ke dalam kerajaan surgawi. Berdasarkan iman ini, seperti kita mengolah kasih sejati dalam diri kita, kita akan mengasihi sesama manusia seperti diri kita sendiri. Kemudian, ketika orang lain menjadi kaya, kita akan bahagia seolah-olah itu kita yang menjadi kaya. Mereka yang memiliki iman yang benar tidak akan meminta hal-hal yang tidak berarti dari dunia ini, tetapi mereka akan mencoba untuk menjadi tekun dalam pekerjaan Allah untuk mengambil Kerajaan Surga dengan paksa. Yaitu, mereka akan memiliki keinginan yang rohani.

Sejak tampilnya Yohanes Pembaptis hingga sekarang, Kerajaan Surga diserong dan orang yang menyerongnya mencoba menguasainya (Matius 11:12).

Keinginan yang rohani ini tentu saja berbeda dari rasa cemburu. Penting untuk memiliki keinginan menjadi antusias dan setia dalam pekerjaan Tuhan. Tapi jika gairah itu melewati batas dan bergerak menjauh kebenaran atau jika itu menyebabkan orang lain tersandung, maka hal itu tidak dapat diterima.

Sementara kita sungguh-sungguh dalam pekerjaan kita bagi Tuhan, kita harus memperhatikan kebutuhan orang-orang di sekitar kita, mencari keuntungan mereka, dan mengejar perdamaian dengan semua orang.

4. Kasih Itu Tidak Sombong

Ada orang-orang yang selalu membual tentang diri mereka sendiri. Mereka tidak peduli apa yang orang lain mungkin rasakan ketika mereka membual. Mereka hanya ingin untuk memamerkan apa yang mereka miliki sambil berusaha untuk mendapatkan pengakuan dari orang lain. Yusuf membual tentang mimpinya ketika dia masih muda. Hal ini membuat saudara-saudaranya jadi membencinya. Karena ia dikasihi oleh ayahnya dengan cara yang khusus, ia tidak benar-benar mengerti hati saudara-saudaranya. Kemudian, ia dijual sebagai budak ke Mesir dan mengalami banyak ujian hingga akhirnya memupuk kasih rohani. Sebelum manusia memupuk kasih rohani, mereka mungkin mematahkan perdamaian dengan memamerkan dan meninggikan diri. Oleh karena itu Allah mengatakan, "Kasih itu tidak sombong."

Singkatnya, membual itu sama saja seperti mengungkapkan dan memamerkan diri sendiri. Orang biasanya ingin diakui jika mereka melakukan atau memiliki sesuatu yang lebih baik daripada yang lain. Apa yang akan menjadi dampak dari menyombongkan diri seperti itu?

Misalnya, beberapa orangtua sombong dan memamerkan anak mereka belajarnya pintar. Kemudian, orang lain dapat bersukacita bersama mereka, tetapi kebanyakan dari mereka akan merasa terluka kebanggaannya dan memiliki perasaan sakit tentang hal itu. Mereka mungkin membentak anak mereka tanpa alasan. Tidak peduli seberapa baik anak Anda dalam studinya, jika Anda memiliki bahkan sedikit kebaikan untuk mempedulikan perasaan orang lain, maka Anda tidak akan menyombongkan anak Anda seperti ini. Anda juga akan ingin anak tetangga Anda belajar dengan baik, dan jika ia berbuat demikian, Anda akan dengan memujinya dengan senang hati.

Orang-orang yang sombong juga cenderung kurang bersedia untuk mengakui dan memuji pekerjaan baik yang dilakukan oleh orang lain. Dalam satu cara atau lain mereka cenderung untuk merendahkan orang lain karena mereka pikir mereka jadi tidak dipandang bila orang lain dihargai. Ini hanyalah salah satu cara di mana menyombong dapat menyebabkan masalah. Bertindak seperti ini, hati yang sombong adalah jauh dari kasih sejati. Anda mungkin berpikir jika Anda memamerkan diri maka Anda akan dikenal, tapi itu hanya akan membuat sulit bagi Anda untuk menerima penghormatan dan kasih yang tulus. Alih-alih orang-orang di sekitar Anda menjadi iri kepada Anda, justru hal itu akan menarik dendam dan kecemburuan terhadap Anda. *"Tetapi sekarang kamu memegahkan diri dalam congkakmu, dan semua kemegahan yang demikian adalah salah"* (Yakobus 4:16).

Keangkuhan Hidup yang Sombong Berasal dari Kasih Akan Dunia

Mengapa orang-orang menyombongkan tentang diri mereka sendiri? Hal ini karena mereka memiliki keangkuhan hidup dalam diri mereka. Keangkuhan hidup merujuk kepada "sifat memamerkan diri sendiri menurut kenikmatan dunia ini." Ini berasal dari kasih akan dunia. Orang-orang biasanya memiliki hal yang mereka anggap penting. Orang-orang yang mengasihi uang akan menyombong tentang uang yang mereka miliki, dan orang yang menganggap penampilan luar itu penting, mereka akan menyombongkan hal itu. Maka, mereka menempatkan uang, penampilan luar, ketenaran, atau kekuatan sosial melebihi Allah.

Salah satu anggota gereja kami memiliki bisnis yang sukses menjual komputer kepada para konglomerat bisnis di Korea. Dia ingin memperluas bisnisnya. Dia mendapatkan banyak jenis pinjaman dan diinvestasikan dalam waralaba kafe Internet serta penyiaran Internet. Ia mendirikan sebuah perusahaan dengan modal awal dua miliar Won, yang merupakan sekitar dua juta US dolar.

Tapi omsetnya lambat dan kerugian meningkat hngga akhirnya membuat perusahaan bangkrut. Rumahnya diserahkan untuk lelang, dan para penagih hutang mengejar dia. Ia harus tinggal di rumah-rumah kecil di lantai basemen atau di puncak gedung. Sekarang ia mulai untuk melihat kembali pada dirinya sendiri. Dia menyadari bahwa dia memiliki keinginan untuk membanggakan keberhasilannya dan ia memiliki keserakahan untuk uang. Dia menyadari bahwa dia membuat orang-orang menderita karena ia sedang memperluas bisnisnya di luar kemampuannya sendiri.

Ketika ia bertobat secara menyeluruh di hadapan Allah dengan segenap hatinya dan membuang keserakahan nya, ia merasa bahagia bahkan saat ia mendapatkan pekerjaan membersihkan saluran limbah dan septic tank. Allah mempertimbangan keadaannya dan menunjukkan cara untuk memulai bisnis baru. Sekarang, saat dia berjalan dengan cara yang benar sepanjang waktu, usahanya berkembang.

1 Yohanes 2:15-16 mengatakan, *"Janganlah kamu mengasihi dunia dan apa yang ada di dalamnya. Jikalau orang mengasihi dunia, maka kasih akan Bapa tidak ada di dalam orang itu.*

Untuk semua yang ada di dunia, keinginan daging dan keinginan mata serta keangkuhan hidup, bukan berasal dari Bapa, melainkan dari dunia."

Hizkia, raja ketiga belas Yehuda selatan, adalah raja yang lurus di hadapan Allah dan dia juga menyucikan Bait Allah. Ia mengalahkan serangan bangsa Asyur melalui doa; ketika ia menjadi sakit, dia berdoa dengan air mata dan menerima perpanjangan 15 tahun dari hidupnya. Tapi ia masih memiliki keangkuhan hidup yang tersisa dalam dirinya. Setelah ia sembuh dari penyakitnya, Babel mengirmkan diplomat mereka.

Hizkia sangat bahagia menerima mereka dan menunjukkan kepada mereka segenap gedung harta bendanya, perak dan emas, serta rempah-rempah dan minyak yang berharga serta gudang persenjataannya dan semua yang ditemukan di perbendaharaannya. Karena kesombongannya, Yehuda selatan diserang oleh Babel dan semua hartanya diambil (Yesaya 39:1-6). Menyombong berasal dari kasih akan dunia, dan itu berarti orang ini tidak memiliki kasih untuk Allah. Oleh karena itu, untuk memupuk kasih sejati, manusia harus membuang keangkuhan hidup yang sombong dari dalam hatinya.

Bermegah Dalam Tuhan

Ada jenis kesombongan yang baik. Yaitu bermegah di dalam Tuhan seperti yang dikatakan dalam 2 Korintus 10:17, *"Tetapi barangsiapa bermegah, hendaklah ia bermegah di dalam Tuhan."* Bermegah di dalam Tuhan adalah untuk memberikan kemuliaan bagi Allah, sehingga semakin banyak akan semakin baik. Contoh yang baik seperti bermegah yang demikian adalah 'kesaksian'.

Paulus berkata dalam Galatia 6:14, *"Tetapi aku sekali-kali tidak mau bermegah, selain dalam salib Tuhan kita Yesus Kristus, sebab olehnya dunia telah disalibkan bagiku dan aku bagi dunia."*

Seperti yang ia katakan, kita memiliki Yesus Kristus yang menyelamatkan kita dan memberikan kita kerajaan surgawi. Kita ditakdirkan pada kematian kekal karena dosa-dosa kita, tetapi berkat Yesus yang membayar untuk dosa-dosa kita di kayu salib, kita memperoleh hidup yang kekal. Betapa kita harus sangat bersyukur!

Untuk alasan ini Paulus bermegah tentang kelemahannya. Dalam 2 Korintus 12:9 mengatakan, *"Tetapi jawab Tuhan kepadaku, 'Cukuplah kasih karunia-Ku bagimu, sebab justru dalam kelemahanlah kuasa-Ku menjadi sempurna.' Sebab itu terlebih suka aku bermegah atas kelemahanku, supaya kuasa Kristus turun menaungi aku."*

Pada kenyataannya, Paulus melakukan begitu banyak tanda-tanda dan mukjizat dan orang-orang bahkan membawa saputangan atau kain yang telah menyentuh dia kepada orang sakit dan mereka disembuhkan. Dia melakukan tiga perjalanan misionaris dan membawa begitu banyak orang kepada Allah serta menanam gereja di banyak kota. Tetapi ia mengatakan bukan dia yang melakukan semua pekerjaan itu. Dia hanya bermegah bahwa itu adalah kasih karunia Allah dan kuasa Tuhan yang membuat ia dapat melakukan apa-apa yang dia lakukan.

Hari ini, banyak orang memberikan kesaksian mereka bertemu dan mengalami Allah yang hidup dalam kehidupan sehari-hari mereka. Mereka menyampaikan kasih Allah dengan mengatakan bahwa mereka menerima penyembuhan penyakit, berkat finansial, dan perdamaian dari keluarga ketika mereka mencari Allah dengan sungguh-sungguh dan menunjukkan perbuatan kasih mereka kepada-Nya.

Seperti yang dikatakan dalam Amsal 8:17 yang berbunyi, *"Aku mengasihi orang yang mengasihi aku, dan orang yang tekun mencari aku akan mendapatkan daku,"* dan mereka bersyukur karena mereka mengalami kasih Allah yang besar dan jadi memiliki iman yang besar, yang berarti mereka menerima berkat rohani. Bermegah yang demikian di dalam Tuhan memberikan kemuliaan bagi Allah dan menanamkan iman dan kehidupan dalam hati masyarakat. Dengan berbuat demikian mereka menyimpan upah di surga dan keinginan hati mereka akan dijawab lebih cepat.

Tapi kita harus berhati-hati akan satu hal di sini. Beberapa orang mengatakan bahwa mereka memberikan kemuliaan kepada Allah, tetapi pada kenyataannya mereka mencoba untuk membuat diri mereka sendiri atau apa yang mereka lakukan diketahui orang lain. Mereka secara tidak langsung menyiratkan bahwa mereka mampu menerima berkat-berkat karena usaha mereka sendiri. Tampaknya mereka memberikan kemuliaan bagi Allah, tetapi sebenarnya mereka memberikan semua penghargaan untuk diri mereka sendiri. Iblis akan mendakwa orang-orang seperti ini. Bagaimana pun juga, hasil dari memegangkan diri itu akan terungkap; mereka mungkin menghadapi berbagai macam ujian dan pencobaan, atau jika tidak ada mengakui mereka,

mereka akan pergi dari Allah.

Roma 15:2 mengatakan, *"Setiap orang di antara kita harus mencari kesenangan sesama kita demi kebaikannya untuk membangunnya."* Seperti dikatakan, kita harus selalu mengucapkan peneguhan kepada sesama kita dan menanam iman serta kehidupan dalam mereka. Seperti air akan dimurnikan melalui sebuah penyaring, kita harus memiliki penyaring untuk kata-kata kita sebelum kita berbicara, berpikir apakah kata-kata kita akan memperbaiki atau menyakiti perasaan pendengar.

Membuang Keangkuhan Hidup

Meskipun mereka memiliki begitu banyak hal untuk dibanggakan, tak seorang pun dapat hidup selamanya. Setelah hidup di dunia ini, semua orang akan pergi ke surga atau neraka. Di surga, bahkan jalan yang kita injak terbuat dari emas, dan kekayaan di sana tidak tidak dapat dibandingkan dengan dunia ini. Itu berarti bermegah dunia ini sangat tidak berarti. Juga, bahkan jika seseorang memiliki begitu banyak kekayaan, ketenaran, pengetahuan, dan kuasa, dapatkah ia menyombongkan semua itu jika dia masuk ke neraka?

Yesus berkata, *"Apa gunanya seorang memperoleh seluruh dunia tetapi kehilangan nyawanya? Dan apakah yang dapat diberikannya sebagai ganti nyawanya? Sebab Anak Manusia akan datang dalam kemuliaan Bapa-Nya diiringi malaikat-malaikat-Nya; pada waktu itu Ia akan membalas setiap orang menurut perbuatannya"* (Matius 16:26-27).

Menyombongkan dunia tidak pernah bisa memberikan hidup kekal atau kepuasan. Tapi itu malah menimbulkan keinginan sia-sia dan membawa kita pada kebinasaan. Saat kita menyadari fakta sedemikian dan mengisi hati kita dengan harapan akan Surga, kita akan menerima kekuatan untuk membuang keangkuhan hidup. Hal ini mirip dengan seorang anak yang dengan mudah dapat berpisah dari mainannya yang sudah tua dan kurang berharga ketika ia mendapat mainan baru. Karena kita tahu tentang gemerlapan keindahan kerajaan surgawi, kita jangan berpegang pada atau berjuang untuk mendapatkan hal-hal dari dunia ini.

Setelah kita membuang keangkuhan hidup, kita hanya akan bermegah atas Yesus Kristus. Kita tidak akan merasa ada satu pun hal di dunia ini layak dimegahkan, tapi sebaliknya, kita hanya akan merasa bangga dengan kemuliaan yang akan kita nikmati kekal dalam Kerajaan surgawi. Kemudian, kita akan dipenuhi dengan sukacita yang kita tidak tahu sebelumnya. Bahkan jika kita mungkin menghadapi beberapa saat yang sulit dalam berjalan melalui hidup kita, kita tidak akan merasa mereka begitu keras. Kita hanya akan memberikan syukur atas kasih Allah yang telah mengaruniakan Anak-Nya Yesus untuk menyelamatkan kita, dan dengan demikian kita dapat dipenuhi dengan sukacita dalam segala keadaan. Jika kita tidak mencari keangkuhan hidup, maka kita tidak akan merasa begitu ditinggikan ketika kita menerima pujian, atau menjadi kecewa ketika kita menerima kritikan. Kita hanya dengan rendah hati akan memeriksa diri lebih teliti ketika kita menerima puji-pujian, dan kita hanya akan memberikan terima kasih ketika kita menerima kecaman dan mencoba untuk mengubah diri kita sendiri lebih lagi.

5. Kasih Itu Tidak Sombong

Mereka yang bermegah tentang diri mereka sendiri dengan mudah merasa mereka lebih baik daripada orang lain dan menjadi sombong. Jika sesuatu berjalan baik dengan mereka, mereka berpikir itu karena mereka telah melakukan pekerjaan yang baik dan menjadi sombong atau malas. Alkitab mengatakan salah satu kejahatan yang Allah paling benci adalah kesombongan. Kesombongan juga merupakan alasan utama manusia membangun menara Babel untuk bersaing dengan Allah, yang merupakan suatu peristiwa di mana Allah memisahkan bahasa.

Karakteristik dari Orang-Orang Sombong

Orang yang sombong menganggap orang lain tidak lebih baik daripada dirinya dan menghina atau mengabaikan orang lain. Orang yang demikian merasa unggul dari orang lain dalam segala aspek. Dia menganggap dirinya yang terbaik. Ia membenci, merendahkan, dan mencoba untuk mengajar orang lain dalam segala hal. Dia dengan mudah menunjukkan sikap arogansi terhadap orang-orang yang tampaknya kurang dari dirinya. Dia kadang-kadang, dalam kesombongannya yang berlebihan, mengabaikan mereka yang telah mengajar dan memimpinnya serta orang-orang yang berada di atas posisinya dalam bisnis atau hirarki sosial. Dia tidak bersedia untuk mendengarkan saran, kecaman, dan nasihat yang diberikan seniornya. Dia akan mengeluh berpikir, "Senior saya berkata begitu hanya karena ia tidak tahu apa-apa tentang hal itu," atau mengatakan, "Aku tahu semuanya dan aku bisa melakukannya dengan sangat baik."

Orang yang seperti itu menyebabkan banyak pertengkaran dan pertikaian dengan orang lain. Amsal 13:10 mengatakan, *"Keangkuhan hanya menimbulkan pertengkaran, tetapi mereka yang mendengarkan nasihat mempunyai hikmat."*

2 Timotius 2:23 mengatakan, *"Hindarilah soal-soal yang dicari-cari, yang bodoh dan tidak layak. Engkau tahu bahwa soal-soal itu menimbulkan pertengkaran."* Itulah mengapa begitu bodoh dan salah untuk berpikir bahwa Anda sendiri yang benar.

Setiap orang memiliki hati nurani yang berbeda dan pengetahuan yang berbeda. Hal ini karena setiap individu berbeda dalam apa yang telah mereka lihat, dengar, alami dan pelajari. Tetapi banyak dari pengetahuan manusia itu salah, dan beberapa di antaranya disimpan dengan tidak tepat. Jika pengetahuan itu telah mengeras dalam diri kita untuk jangka waktu yang panjang, pembenaran diri dan kerangka pemikiran sendiri dibentuk. Pembenaran diri sendiri adalah untuk memaksakan bahwa hanya pendapat kita yang tepat, dan ketika mengeras itu menjadi kerangka berpikir. Beberapa orang membentuk kerangka berpikir mereka dengan kepribadian atau dengan pengetahuan yang mereka miliki.

Kerangka kerja seperti kerangka dari tubuh manusia. Ini membuat bentuk masing-masing, dan setelah itu terjadi, akan sulit untuk mematahkannya. Sebagian besar pemikiran manusia pikiran datang dari pembenaran diri dan kerangka kerja. Orang yang memiliki rasa rendah diri dapat bereaksi sangat sensitif jika orang menuduhnya sesuatu. Atau, sebagai kata pepatah, jika orang kaya menyesuaikan pakaiannya, orang menganggap dia menyombongkan diri dan memamerkan pakaiannya. Jika seseorang menggunakan perbendaharaan kata sulit atau berat, maka orang berpikir ia memamerkan pengetahuannya dan merendahkan mereka.

Saya belajar dari guru sekolah dasar saya bahwa Patung Liberty berada di San Francisco. Saya ingat jelas bagaimana dia mengajari saya dengan gambar dan peta Amerika Serikat. Pada awal 90-an, saya pergi ke Amerika Serikat untuk memimpin kebaktian kebangunan rohani gabungan. Saat itulah saya belajar bahwa Patung Liberty sesungguhnya terletak di Kota New York.

Bagi saya Patung itu seharusnya berada di San Francisco, jadi saya tidak mengerti mengapa ada di New York. Saya bertanya kepada orang-orang di sekitar saya dan mereka mengatakan bahwa itu benar-benar di New York. Saya menyadari bahwa potongan pengetahuan yang saya percaya untuk menjadi kenyataan itu sebenarnya tidak benar. Pada saat itu, saya juga berpikir apa yang saya yakini benar mungkin juga salah. Banyak orang percaya dan bersikeras pada hal-hal yang tidak benar.

Bahkan ketika mereka salah, orang-orang yang sombong tidak akan mengakuinya tapi tetap bersikeras pada pendapat mereka, dan ini akan menyebabkan pertengkaran. Tetapi orang-orang yang rendah hati tidak akan bertengkar bahkan jika orang lain yang salah. Meskipun mereka 100% yakin bahwa mereka benar, mereka masih berpikir bahwa mereka mungkin salah, karena mereka tidak memiliki niat untuk menang melawan orang lain dalam pertengkaran.

Hati yang rendah hati memiliki kasih rohani yang

menganggap orang lain lebih baik. Bahkan jika orang lain kurang beruntung, kurang berpendidikan, atau kurang memiliki kekuatan sosial, dengan pikiran sederhana kita akan mempertimbangkan orang lain lebih baik daripada diri kita dari hati kita. Kita akan menganggap semua jiwa-jiwa sangat berharga karena mereka begitu berharga bagi Yesus mencurahkan darahNya.

Kesombongan Kedagingan dan Kesombongan Rohani

Jika seseorang menunjukkan tindakan luar berupa memamerkan dirinya, menunjukkan dirinya dan merendahkan oang lain, ia dapat mewujudkan kesombongan tersebut dengan mudah. Ketika kita menerima Tuhan dan mengenal kebenaran, atribut kedagingan kesombongan ini dapat menjadi mudah disingkirkan. Sebaliknya, tidak mudah untuk menyadari dan membuang kesombongan rohani seseorang. Apa kemudian yang rohani kesombongan?

Ketika Anda datang ke gereja untuk jangka waktu yang signifikan, Anda menyimpan banyak pengetahuan tentang Firman Allah. Anda mungkin juga diberi gelar dan posisi di gereja atau dipilih sebagai pemimpin. Maka Anda mungkin merasa bahwa Anda telah memupuk jumlah pengetahuan Firman Allah di dalam hati yang cukup banyak untuk berpikir, "Saya telah mencapai begitu banyak hal. Saya pasti benar dalam banyak hal!" Anda mungkin menegur, menghakimi, dan mengutuk orang lain dengan Firman Allah yang disimpan sebagai pengetahuan, karena berpikir Anda hanya membedakan antara benar dan salah sesuai dengan kebenaran. Beberapa pemimpin gereja mengikuti setelah manfaat mereka sendiri dan melanggar peraturan dan perintah bahwa mereka seharusnya tetap. Mereka jelas melanggar tatanan gereja dalam tindakan, tetapi mereka berpikir, "Bagi saya ini adalah tidak apa-apa karena saya dalam jabatan ini. Saya adalah pengecualian." Pikiran yang ditinggikan seperti ini adalah kesombongan rohani.

Jika kita mengaku kasih kita bagi Allah sementara mengabaikan hukum dan perintah Allah dengan hati yang ditinggikan, pengakuan kita itu tidak benar. Jika kita menilai dan mengutuk orang lain, kita tidak bisa dianggap memiliki kasih sejati. Kebenaran mengajarkan kita untuk melihat, mendengar, dan berbicara tentang hanya hal-hal baik dari orang lain.

Jangan memfitnah satu sama lain, saudara-saudaraku. Saudara-saudaraku, janganlah kamu saling memfitnah! Barangsiapa memfitnah saudaranya atau menghakiminya, ia mencela hukum dan menghakiminya; dan jika engkau menghakimi hukum, maka engkau bukanlah penurut hukum, tetapi hakimnya (Yakobus 4:11).

Bagaimana perasaan Anda ketika Anda menemukan kelemahan orang lain?

Jack Kornfield, dalam *buku Seni Pengampunan, Kasih Sayang, dan Perdamaian*, menulis tentang cara-cara berbeda untuk menangani tindakan tidak terampil.

"Di suku Babemba dari Afrika Selatan, ketika

seseorang bertindak dengan tidak bertanggung jawab atau tidak adil, ia ditempatkan di tengah desa, sendirian dan tak berpihak. Semua pekerjaan dihentikan, dan setiap pria, wanita, dan anak di desa berkumpul di lingkaran besar di sekitar terdakwa. Kemudian setiap orang dalam suku berbicara kepada terdakwa, satu per satu waktu, masing-masing mengingat hal-hal baik yang orang itu telah lakukan dalam masa hidupnya. Setiap insiden, setiap pengalaman yang bisa diingat dengan setiap detail dan akurasi, diceritakan. Semuanya sifat positif, perbuatan baik, kekuatan dan kebaikannya disebutkan dengan cermat dan panjang lebar. Upacara suku ini sering berlangsung selama beberapa hari. Pada akhirnya, lingkaran suku dibubarkan, perayaan sukacita dilangsungkan, dan orang itu secara simbolis dan secara harfiah disambut kembali ke suku."

Melalui proses ini, orang-orang yang melakukan kesalahan memulihkan harga diri mereka dan menetapkan pikiran mereka berkontribusi bagi suku mereka. Berkat sidang unik tersebut, dikatakan kejahatan hampir tidak terjadi dalam masyarakat.

Ketika kita melihat kesalahan orang lain, kita bisa berpikir tentang apakah kita menghakimi dan mengutuk mereka terlebih dulu atau hati kita menaruh belas kasihan dan pengampunan di depan itu. Dengan ukuran ini, kita dapat memeriksa seberapa banyak kita telah memupuk kerendahan hati dan kasih. Dengan memeriksa diri terus-menerus, kita jangan puas dengan apa yang sudah kita capai, hanya karena kita telah menjadi orang percaya untuk waktu yang lama.

Sebelum seseorang menjadi dikuduskan sepenuhnya, setiap orang memiliki sifat yang memungkinkan terjadinya pertumbuhan kesombongan. Oleh karena itu, sangat penting untuk mencabut akar sifat kesombongan. Mungkin kesombongan akan keluar lagi kapan saja kecuali kita mencabutnya keluar sepenuhnya melalui doa-doa yang tekun. Ini sama seperti jika Anda memotong alang-alang, mereka akan terus tumbuh kembali kecuali mereka benar-benar dicabut sampai ke akar-akarnya. Karena sifat berdosa tidak sepenuhnya dihilangkan dari hati, maka kesombongan datang kembali ke dalam pikiran lagi ketika mereka menjalani hidup dalam iman untuk waktu yang lama. Oleh karena itu, kita harus selalu merendahkan diri seperti anak-anak di hadapan Allah, menganggap orang lain lebih baik daripada diri kita sendiri, dan terus berupaya menumbuhkan kasih rohani.

Orang-Orang Sombong Percaya Pada Dirinya Sendiri

Nebukadnezar membuka era keemasan Babel yang besar itu. Salah satu keajaiban kuno, Taman Gantung, dibuat pada zamannya. Dia sangat bangga akan semua kerajaan-nya dan karya-karya yang dilakukan oleh kuasanya yang besar. Dia membuat patung dirinya sendiri dan membuat manusia menyembah patung itu. Daniel 4:30 mengatakan, *"Berkatalah raja: 'Bukankah itu Babel yang besar itu, yang dengan kekuatan kuasaku dan untuk kemuliaan kebesaranku telah kubangun menjadi kota kerajaan?'"*

Allah akhirnya membiarkan dia mengerti siapa sebenarnya penguasa dunia ini (Daniel 4:31-32). Ia diusir dari istana, memakan rumput seperti sapi, dan hidup seperti binatang liar di padang gurun selama tujuh tahun. Apa adalah arti dari takhtanya pada saat itu? Kita tidak mendapatkan apa-apa jika Allah tidak mengizinkannya. Nebukadnezar kembali ke keadaan pikiran yang normal setelah tujuh tahun. Ia menyadari keangkuhannya dan mengakui Allah. Daniel 4:37 berbunyi, *"Jadi sekarang aku, Nebukadnezar, memuji, meninggikan dan memuliakan Raja Surga, yang segala perbuatan-Nya adalah benar dan jalan-jalan-Nya adalah adil, dan yang sanggup merendahkan mereka yang berlaku congkak."*

Hal ini bukan hanya tentang Nebukadnezar. Beberapa orang-orang tidak percaya di dunia mengatakan, "Aku percaya kepada diriku sendiri." Tetapi dunia tidaklah mudah bagi mereka untuk diatasi. Ada banyak masalah di dunia yang tidak dapat diselesaikan dengan kemampuan manusia. Bahkan yang terbaik ilmu pengetahuan dan teknologi tercanggih sekalipun tidak berguna di hadapan bencana alam termasuk topan dan gempa bumi serta berbagai bencana tak terduga lainnya.

Dan berapa banyak macam penyakit tidak dapat disembuhkan bahkan dengan obat-obatan modern? Tapi banyak orang mengandalkan diri mereka daripada Allah ketika mereka bertemu dengan berbagai masalah. Mereka bergantung pada pikiran, pengalaman dan pengetahuan mereka sendiri. Tetapi ketika mereka masih belum berhasil dan masih dihadapkan pada masalah, mereka mengeluh melawan Allah meskipun mereka tidak kepada-Nya. Hal ini karena kesombongan yang tinggal di dalam hati mereka. Karena kesombongan itu, mereka tidak mengakui kelemahan mereka dan gagal untuk dengan rendah hati mengakui Allah.

Apa yang lebih menyedihkan adalah bahwa beberapa orang percaya bergantung pada dunia dan diri mereka sendiri daripada Allah. Allah ingin agar anak-anak-Nya menjadi sejahtera dan hidup dalam pertolongan-Nya. Tetapi jika Anda tak bersedia merendahkan diri dihadapan Allah dalam kesombonganmu, maka Allah tak dapat menolongmu. Sehingga Anda takkan dapat dilindungi dari musuh di Iblis dan menjadi sejahtera dalam jalan-jalanmu. Sama seperti yang dikatakan Allah dalam Amsal 18:12, *"Tinggi hati mendahului kehancuran, tetapi kerendahan hati mendahului kehormatan,"* hal yang menyebabkan kegagalan dan kehancuran adalah keangkuhan kita.

Allah menganggap orang yang angkuh sebagai orang yang bodoh. Dibandingkan dengan Allah yang membuat takhta di surga dan tumpuan kakinya di bumi, seberapa kecilnya kehadiran manusia? Semua orang telah diciptakan dalam gambar Allah dan kita semua sama sebagai anak-anak Allah apakah dari posisi tinggi atau rendah. Tidak peduli berapa banyak hal yang kita mungkin megahkan di dunia, kehidupan dunia ini adalah sesaat. Ketika kehidupan yang pendek ini berakhir, semua orang akan dihakimi di hadapan Allah. Dan kita akan ditinggikan di surga menurut apa yang telah kita lakukan dalam kerendahan hati di bumi ini. Karena Tuhan akan meninggikan kita seperti yang dikatakan Yakobus 4:10, *"Rendahkanlah dirimu di hadapan Tuhan, dan Ia akan meninggikan kamu."*

Jika air tetap dalam genangan kecil, itu akan menjadi dan menjadi lapuk dan cacing akan mengisinya. Tapi jika air tak henti-

hentinya mengalir menuruni bukit, akhirnya ia akan mencapai laut dan memberikan kehidupan bagi begitu banyak makhluk hidup. Dengan cara yang sama, mari kita merendahkan diri kita sehingga kita akan menjadi besar di mata Allah.

Karakteristik Kasih Rohani I	1. Kasih Itu Sabar
	2. Kasih itu Murah Hati
	3. Kasih Itu Tidak Cemburu
	4. Kasih Itu Tidak Tidak Memegahkan Diri
	5. Kasih Itu Tidak Sombong

6. Kasih Itu Tidak Melakukan yang Tidak Sopan

'Tata krama' atau 'Etiket' adalah cara yang benar dalam bertindak secara sosial, yang merupakan sikap dan perilaku di masyarakat terhadap orang lain. Jenis-jenis tata krama kebudayaan memiliki bentuk varians yang luas dalam kehidupan kita sehari-hari seperti etiket dalam percakapan kita, dalam makan, atau perilaku di tempat-tempat umum seperti bioskop.

Sikap yang tepat adalah bagian penting dari kehidupan kita. Perilaku yang dapat diterima secara sosial yang sesuai untuk setiap tempat dan kesempatan biasanya akan membuat kesan yang baik pada orang lain. Sebaliknya, jika kita tidak menunjukkan perilaku yang tepat dan jika kita mengabaikan etiket dasar, maka itu dapat menyebabkan ketidaknyamanan kepada orang-orang di sekitar kita. Selain itu, jika kita berkata kita mengasihi seseorang tapi bertindak tidak sopan terhadap orang itu, maka akan sulit bagi orang untuk percaya bahwa kita benar-benar mengasihinya.

Kamus online Merriam-Webster merujuk kepada 'tidak sopan' sebagai 'tidak sesuai dengan standar yang layak bagi posisi atau kondisi kehidupan seseorang.' Di sini juga terdapat berbagai jenis tatacara kebudayaan standar dalam kehidupan sehari-hari seperti salam dan percakapan. Yang mengejutkan, banyak orang tidak menyadari bahwa mereka bertindak tidak sopan bahkan setelah mereka bertindak kasar. Secara khusus, lebih mudah bagi kita untuk bertindak tidak sopan terhadap orang-orang yang dekat dengan kita. Hal ini karena ketika kita merasa nyaman dengan beberapa orang, kita cenderung untuk bertindak dengan kasar atau tanpa etiket.

Tetapi jika kita memiliki kasih sejati, kita tidak pernah bertindak tidak sopan. Misalkan Anda memiliki sebuah permata yang sangat berharga dan indah. Kemudian, apakah Anda akan memperlakukan itu sembarangan? Anda akan sangat berhati-hati dan cermat dalam menangani permata itu agar tidak pecah, rusak, atau hilang. Dengan cara yang sama, jika Anda benar-benar mengasihi seseorang, seberapa berharga Anda akan memperlakukan dia?

Ada dua situasi bertindak tidak sopan: kekasaran di hadapan Allah dan kekasaran terhadap manusia.

Bertindak Tidak Sopan Terhadap Allah

Bahkan di antara mereka yang percaya kepada Allah dan mengatakan bahwa mereka mengasihi Allah, ketika kita melihat perbuatan mereka dan mendengar kata-kata mereka ada yang banyak yang begitu jauh dari mengasihi Allah. Sebagai contoh, tidur selama kebaktian adalah salah satu perbuatan kasar utama di hadapan Allah.

Tidur selama ibadah adalah sama dengan tidur di hadapan Allah. Sungguh tidak sopan untuk tertidur di depan Presiden negara atau CEO perusahaan. Kemudian, seberapa lebih tidak sopannya lagi akan jika kita tertidur di hadapan Allah? Akan diragukan bahwa Anda bisa terus menyatakan bahwa Anda masih mengasihi Allah. Atau, misalkan Anda bertemu orang yang Anda kasihi dan Anda tetap di tertidur di depan orang itu. Kemudian, bagaimana kita bisa mengatakan Anda benar-benar mengasihi orang itu?

Juga, jika Anda melakukan percakapan pribadi dengan orang-orang di sebelah Anda selama kebaktian atau jika Anda melamun, ini juga sama halnya dengan bertindak tidak sopan. Perilaku seperti ini adalah indikasi bahwa orang yang menyembah tidak memiliki rasa hormat dan kasih bagi Allah.

Perilaku seperti itu juga mempengaruhi pengkhotbah. Misalnya, ada seorang percaya yang berbicara dengan orang lain di dekatnya, atau dia memiliki pikiran menganggur atau tertidur. Kemudian, pendeta mungkin bertanya-tanya jika khotbahnya tersebut tidak cukup baik. Dia mungkin kehilangan inspirasi Roh Kudus, sehingga dia tidak dapat mengajar dengan kepenuhan Roh. Semua tindakan ini akhirnya akan menyebabkan kerugian untuk penyembah lain juga.

Sama halnya dengan meninggalkan tempat kudus di tengah-tengah layanan. Tentu saja, ada beberapa relawan yang harus pergi ke luar untuk tugas-tugas mereka untuk membantu dengan kebaktian. Namun, kecuali dalam kasus-kasus yang sangat khusus, hanya tepat untuk bergerak setelah layanan sepenuhnya selesai. Beberapa orang berpikir, "Kita dapat hanya mendengarkan khotbah", dan pergi tepat sebelum kebaktian berakhir, tapi ini adalah tindakan yang tidak sopan.

Kebaktian penyembahan sekarang setara dengan persembahan korban bakaran dalam perjanjian lama. Ketika mereka memberikan persembahan bakaran, mereka harus memotong-motong hewan dan kemudian mereka membakar semua bagiannya (Imamat 1:9).

Ini, dalam arti hari ini, berarti bahwa kita harus mempersembahkan ibadah yang layak dan penuh dari awal sampai akhir menurut satu standar formalitas dan proses tertentu. Kita harus mengikuti setiap uritan dalam kebaktian dengan segenap hati kita, dimulai dengan doa hening sampai kita selesai dengan doa berkat atau Doa Bapa Kami. Ketika kita menyanyikan pujian atau berdoa, atau bahkan selama waktu persembahan dan pengumuman, kita harus memberikan segenap hati kita. Selain kebaktian gereja yang resmi, dalam segala jenis pertemuan doa, kebaktian pujian dan penyembahan, atau dalam kebaktian sel, kita harus mempersembahkannya dengan segenap hati kita.

Untuk menyembah Allah dengan segenap hati kita, pertama-tama, kita tidak boleh terlambat untuk ibadah. Tidaklah tepat terlambat untuk janji dengan orang lain, dan bagaimana tidak sopannya jika terlambat untuk janji dengan Allah? Allah selalu menunggu di tempat ibadah untuk menerima penyembahan kita.

Karena itu, kita seharusnya tidak hanya datang tepat sebelum ibadah dimulai. Adalah sikap yang tepat untuk datang lebih awal dan berdoa pertobatan serta mempersiapkan diri untuk ibadah. Selain itu, menggunakan ponsel selama kebaktian, meninggalkan anak-anak kecil untuk berlari dan bermain-main selama kebaktian adalah tindakan yang tidak sopan. Mengunyah permen karet atau makan makanan selama kebaktian adalah dalam kategori ini juga bertindak tidak sopan.

Penampilan pribadi yang Anda miliki untuk ibadah ini juga penting. Biasanya, tidak layak untuk datang ke gereja mengenakan pakaian rumah atau pakaian yang dimaksudkan untuk tempat kerja. Ini karena pakaian merupakan cara untuk mengungkapkan penghormatan kita kepada orang lain. Anak-anak Allah yang benar-benar percaya kepada Allah tahu betapa berharganya Allah.

Jadi, ketika mereka datang untuk menyembah Dia, mereka datang dalam pakaian terbersih yang mereka miliki.

Tentu saja, ada pengecualian. Untuk kebaktian Rabu atau Jumat Semalaman, banyak orang datang langsung dari tempat kerja mereka. Karena mereka buru-buru untuk datang tepat waktu, mereka mungkin datang dalam pakaian kerja mereka. Dalam kasus semacam ini, Allah tidak akan mengatakan mereka bertindak kasar tapi Dia akan bersukacita karena Ia menerima aroma hati dari mereka ketika mereka mencoba untuk datang tepat waktu untuk kebaktian bahkan walaupun mereka sedang sibuk dengan pekerjaan mereka.

Allah ingin memiliki kasih persekutuan dengan kita melalui ibadah dan doa. Ini adalah tugas yang harus dilakukan anak-anak Allah. Terutama, doa adalah percakapan dengan Allah. Kadang-kadang, sementara orang lain berdoa, salah satu mungkin menepuk bahu mereka untuk menghentikan doa mereka karena ada keadaan darurat.

Ini adalah sama seperti mengganggu orang lain ketika mereka memiliki percakapan dengan senior mereka. Juga, ketika Anda berdoa, jika Anda membuka mata Anda dan berhenti berdoa segera hanya karena seseorang memanggil Anda, hal ini juga untuk adalah tindakan tidak sopan. Dalam kasus ini, Anda harus menyelesaikan doa terlebih dulu, dan kemudian merespons.

Jika kita mempersembahkan penyembahan dan doa kita dalam roh dan dalam kebenaran, maka Allah akan memberikan kepada kita berkat-berkat dan upah. Dia menjawab doa-doa kita lebih cepat. Ini karena Ia menerima aroma hati kita dengan gembira. Tetapi jika kita mengumpulkan tindakan-tindakan yang tidak sopan selama setahun, dua tahun, dan seterusnya, ini akan menciptakan tembok dosa melawan Allah. Bahkan antara suami dan istri atau antara orangtua dan anak-anak, jika hubungan tanpa kasih berlanjut, akan ada banyak masalah. Sama halnya dengan Allah. Jika kita telah membangun tembok di antara kita dan Allah, kita tidak dapat dilindungi dari penyakit atau kecelakaan, dan kita mungkin menghadapi berbagai masalah. Kita tidak dapat menerima jawaban atas doa-doa kita, bahkan walaupun kita berdoa untuk waktu yang lama. Tetapi jika kita memiliki sikap yang tepat dalam penyembahan dan doa, kita dapat memecahkan berbagai jenis masalah.

Jemaat Adalah Rumah Kudus Allah

Gereja adalah tempat di mana Allah tinggal. Mazmur 11:4 mengatakan, *"TUHAN ada di dalam bait-Nya yang kudus; TUHAN, takhta-Nya di surga."*

Di dalam masaPerjanjian Lama, tidak semua orang bisa masuk ke tempat kudus. Hanya para imam yang boleh masuk. Hanya sekali setahun dan hanya imam yang bisa masuk ke dalam ruang Maha Kudus di dalam Ruang Kudus. Tapi hari ini, oleh kasih karunia Tuhan kita, siapa pun dapat masuk ke dalam tempat kudus dan menyembah Dia. Ini karena Yesus menebus kita dari dosa-dosa kita dengan darah-Nya, seperti yang dikatakan dalam Ibrani 10:19, *"Jadi, saudara-saudara, oleh darah Yesus kita sekarang penuh keberanian dapat masuk ke dalam tempat kudus."*

Tempat kudus tidak hanya berarti tempat di mana kita menyembah. Ini adalah setiap tempat dalam batas-batas yang terdiri dari gereja, termasuk halaman, dan semua fasilitas lainnya. Oleh karena itu, di mana pun kita berada di dalam gereja, kita harus berhati-hati tentang atas satu kata dan tindakan kecil. Kita tidak boleh marah dan bertengkar, atau berbicara tentang hiburan duniawi atau bisnis di tempat kudus. Sama halnya dengan menangani barang-barang kudus Allah di dalam gereja dengan sembarangan atau untuk merusak, mematahkan atau mengotorinya.

Terutama, membeli atau menjual sesuatu dalam gereja ini tidak dapat diterima. Hari ini, dengan perkembangan belanja Internet, ada orang membayar untuk apa yang mereka beli di Internet dalam gereja dan menerima barang itu di gereja. Hal ini tentunya termasuk transaksi bisnis. Kita harus ingat bahwa Yesus membalikkan meja-meja penukar uang dan mengusir orang-orang yang menjual hewan untuk korban. Yesus tidak terima bahkan binatang yang dimaksudkan untuk korban dijual diBait Allah. Oleh karena itu, kita tidak boleh membeli atau menjual apapun dalam gereja untuk kebutuhan pribadi. Sama halnya dengan mengadakan bazaar di halaman gereja.

Semua tempat dalam gereja seharusnya dipisahkan untuk menyembah Allah dan bersekutu dengan saudara dan saudari dalam Tuhan. Ketika kita berdoa dan sering mengadakan pertemuan di gereja, kita harus berhati-hati jangan menjadi kurang peka akan kekudusan Jemaat. Jika kita mengasihi jemaat, kita tidak akan bertindak tidak sopan di dalam gereja, seperti yang tertulis dalam Mazmur 84:10, *"Sebab lebih baik satu hari di pelataran-Mu dari pada seribu hari di tempat lain. Lebih baik berdiri di ambang pintu rumah Allahku dari pada diam di kemah-kemah orang fasik."*

Bertindak Tidak Sopan Terhadap Orang Lain

Alkitab mengatakan orang yang tidak mengasihi saudaranya tidak bisa mengasihi Allah juga. Jika kita bertindak tidak sopan terhadap orang lain yang bisa kita lihat, bagaimana kita bisa sepenuhnya menghormati Allah yang tidak terlihat?

"Jikalau seorang berkata: 'Aku mengasihi Allah,' dan ia membenci saudaranya, maka ia adalah pendusta, karena barangsiapa tidak mengasihi saudaranya yang dilihatnya, tidak mungkin mengasihi Allah, yang tidak dilihatnya" (1 Yohanes 4:20).

Mari kita memikirkan tindakan-tindakan yang sering tidak sopan dalam kehidupan kita sehari-hari, yang dengan mudah serig kita abaikan. Biasanya, jika kita mencari keuntungan bagi kita sendiri tanpa berpikir posisi orang lain, akan ada banyak tindakan kasar yang dilakukan. Sebagai contoh, ketika kita berbicara di telepon, kita juga memiliki etiket untuk dijaga. Jika kita menelepon sangat sore atau malam hari atau berbicara di telepon untuk waktu yang lama dengan orang yang sangat sibuk, hal ini menyebabkan kerugian bagi dia. Datang terlambat untuk janji atau tiba-tiba mengunjungi rumah seseorang atau tiba tanpa pemberitahuan adalah contoh ketidaksopanan juga.

Seseorang mungkin berpikir, "Kita sangat dekat dan tidakkah hal itu menjadi kelewat formal untuk memikirkan tentang semua hal-hal di antara kita?" Anda mungkin memiliki hubungan yang benar-benar baik untuk memahami segala sesuatu tentang orang lain itu. Tapi masih sangat sulit untuk memahami hati orang lain 100%. Kita mungkin berpikir kita sedang menyatakan persahabatan kita dengan orang lain, tapi dia mungkin menerimanya secara berbeda. Oleh karena itu, kita harus mencoba untuk berpikir dari sudut pandang orang lain. Kita terutama harus berhati-hati untuk tidak bertindak tidak sopan terhadap orang lain jika dia sangat dekat dan nyaman dengan kita.

Sering kali kita mungkin mengucapkan kata-kata ceroboh atau bertindak sembarangan menyakiti perasaan atau menyinggung orang-orang yang paling dekat dengan kita. Kita bertindak kasar kepada anggota keluarga atau teman-teman yang sangat dekat dengan cara ini, dan akhirnya hubungan menjadi tegang serta dapat menjadi sangat buruk. Juga, beberapa orang tua memperlakukan orang-orang yang muda usia atau orang yang ada dalam posisi yang lebih rendah secara tidak sopan. Mereka berbicara tanpa hormat, atau mereka memiliki sikap sok memerintah yang membuat orang lain merasa tidak nyaman.

Tapi hari ini, sangat sulit untuk menemukan orang-orang yang sepenuh hati melayani orangtua, guru, dan orang-orang lebih tua, yang seharusnya kita layani. Beberapa orang mungkin mengatakan situasi telah berubah, tapi ada hal-hal yang tidak pernah berubah. Imamat 19:32 berkata, *"Engkau harus bangun berdiri di hadapan orang ubanan dan engkau harus menaruh hormat kepada orang yang tua dan engkau harus takut akan Allahmu; Akulah TUHAN."*

Kehendak Allah bagi kita adalah untuk melakukan seluruh tugas kita bahkan di antara manusia. Anak-anak Allah juga harus memelihara hukum dan ketertiban dunia ini bukannya bertindak tidak sopan. Sebagai contoh, jika kita menyebabkan keributan di tempat umum, meludah di jalan, atau melanggar peraturan lalu lintas, itu adalah bertindak tidak sopan terhadap banyak orang. Kita orang Kristen yang seharusnya menjadi terang dan garam dunia, dan dengan demikian kita harus sangat berhati-hati dalam perkataan, perbuatan, dan perilaku kita.

Hukum Kasih Adalah Standar Tertinggi

Kebanyakan orang menghabiskan sebagian besar waktu mereka dengan orang lain, bertemu dan berbicara dengan mereka, makan dengan mereka, dan bekerja dengan mereka. Sampai sejauh itu, ada berbagai macam etiket budaya di dalam kehidupan kita sehari-hari. Tetapi setiap orang memiliki tingkat pendidikan yang berbeda dan budaya berbeda di negara yang berbeda serta di antara ras yang berbeda. Kemudian, apa yang harus menjadi standar dalam perilaku kita?

Ini adalah hukum kasih yang ada di dalam hati kita. Hukum kasih merujuk pada hukum Allah yang adalah kasih itu sendiri. Yaitu, sejauh yang kita menanamkan Firman Allah dalam hati kita dan mempraktikkannya, kita akan memiliki sikap seperti Tuhan dan tidak akan berlaku tidak sopan. Makna lain dalam hukum kasih adalah 'kepedulian'.

Seorang laki-laki berjalan melalui kegelapan malam dengan lampu di tangannya. Orang lain akan jalan dari arah yang berlawanan, dan ketika ia melihat orang ini dengan lampu, dia menyadari bahwa orang itu buta. Jadi dia bertanya mengapa orang itu membawa lampu meskipun dia tidak bisa melihat. Kemudian ia berkata, "Ini sehingga Anda tidak akan bertubrukan dengan saya. Lampu ini adalah untuk Anda." Kita mungkin merasakan sesuatu tentang kepedulian dari cerita ini.

Kepedulian atas orang lain, meskipun tampaknya sepele, memiliki kekuatan besar untuk menggerakkan hati orang. Tindakan tidak sopan berasal dari tidak peduli pada orang lain, yang berarti ada kurangnya kasih. Jika kita benar-benar mengasihi orang lain, kita akan selalu memikirkan mereka dan tidak berlaku tidak sopan.

Dalam pertanian jika kita terlalu banyak membuang buah-buahan yang lebih rendah dari antara semua buah-buahan, maka buah-buahan yang tumbuh akan mengambil semua nutrisi yang tersedia, sehingga mereka akan memiliki kulit terlalu tebal dan rasa mereka juga tidak akan enak. Jika kita tidak peka terhadap orang lain, untuk saat ini kita dapat menikmati semua hal yang tersedia, tetapi kita hanya akan menjadi orang-orang yang tidak menyenangkan dan tebal seperti buah-buahan yang kelebihan nutrisi.

Karena itu, sama seperti Kolose 3:23 mengatakan, *"Apapun juga yang kamu perbuat, perbuatlah dengan segenap hatimu seperti untuk Tuhan dan bukan untuk manusia,"* melayani semua orang dengan sepenuh rasa hormat adalah cara kita melayani Tuhan.

7. Kasih Tidak Mencari Keuntungan Diri Sendiri

Dalam dunia modern ini, tidaklah sulit untuk menemukan keegoisan. Orang-orang mencari keuntungan mereka sendiri dan bukan demi kebaikan masyarakat. Di beberapa negara mereka meletakkan bahan kimia berbahaya dalam susu bubuk yang dimaksudkan untuk bayi. Beberapa orang menyebabkan kerugian besar bagi negara mereka sendiri dengan mencuri teknologi yang sangat penting bagi negaranya.

Karena masalah 'jangan di tempat saya', sangat sulit bagi pemerintah untuk membangun fasilitas umum seperti pembuangan sampah atau krematorium umum. Orang tidak peduli tentang kepentingan orang lain tetapi hanya mengenai kesejahteraan mereka sendiri. Meskipun tidak seekstrem sebagai kasus-kasus ini, kita juga dapat menemukan banyak tindakan yang egois dalam kehidupan sehari-hari.

Misalnya, beberapa rekan kerja atau teman pergi untuk makan bersama. Mereka harus memilih apa yang harus dimakan, dan salah satu dari mereka bersikeras akan apa yang ia ingin makan. Seorang yang lain mengikuti apa yang orang ini inginkan, tetapi ia sebenarnya di dalam hati merasa tidak nyaman akan hal itu. Tetap ada orang yang selalu meminta pendapat yang lain dulu. Kemudian, apakah dia suka jenis makanan telah dipilih orang lain, ia selalu makan dengan sukacita. Dalam kategori yang manakah Anda termasuk?

Sekelompok orang yang memiliki pertemuan untuk mempersiapkan sebuah acara. Mereka memiliki berbagai pendapat yang berbeda. Satu orang mencoba untuk membujuk orang lain sampai orang lain itu setuju dengannya. Seorang yang lain tidak terlalu bersikeras dengan pendapatnya, tetapi ketika ia tidak suka pendapat orang lain maka dia menunjukkan keengganan, tetapi menerima.

Tetapi ada seseorang yang mendengarkan orang lain setiap kali mereka memberikan pendapat mereka. Dan, bahkan walaupun gagasan mereka berbeda dari gagasannya, ia akan mencoba untuk mengikutinya. Perbedaan tersebut berasal dari jumlah kasih yang dimiliki masing-masing orang di dalam hatinya.

Jika ada konflik pendapat yang mengarah ke pertengkaran atau argumen, itu adalah karena orang-orang mencari keuntungan sendiri, bersikeras bahwa pendapat mereka sendiri yang paling benar. Jika pasangan yang menikah bersikeras akan pendapat mereka sendiri saja, maka mereka akan terus-menerus memiliki bentrokan dan mereka tidak akan mampu memahami satu sama lain. Mereka dapat memiliki damai sejahtera jika mereka mengalah dan memahami satu sama lain, tetapi damai sejahtera sering rusak karena mereka masing-masing bersikeras dengan pendapat mereka sendiri.

Jika kita mengasihi seseorang, kita akan mempedulikan orang itu lebih daripada diri kita sendiri. Mari kita pikirkan kasih orangtua. Kebanyakan orangtua memikirkan anak-anak mereka dulu daripada memikirkan diri mereka sendiri. Jadi, ibu-ibu akan lebih suka mendengar "Putri Anda sangat cantik," daripada "Anda cantik."

Daripada mereka sendiri makan makanan lezat, mereka akan merasa bahagia ketika anak-anak mereka makan dengan baik. Daripada mereka sendiri mengenakan pakaian bagus, mereka merasa lebih bahagia untuk memberikan anak-anak mereka pakaian yang bagus. Juga, mereka ingin anak-anak mereka menjadi lebih cerdas daripada diri mereka sendiri. Mereka ingin anak-anak mereka untuk diakui dan dikasihi oleh orang lain. Jika kita memberikan kasih seperti ini bagi sesama kita dan orang lain, betapa senangnya Allah Bapa atas kita!

Abraham Mencari Keuntungan Orang Lain dengan Kasih

Untuk menempatkan kepentingan orang lain di atas kepentingan kita sendiri berasal dari kasih pengorbanan. Abraham adalah contoh baik dari orang yang mencari keuntungan bagi orang lain alih-alih bagi dirinya.

Ketika Abraham meninggalkan kampung halamannya, keponakannya Lot mengikutinya. Lot juga menerima berkat-berkat besar karena Abraham dan dia punya begitu banyak hewan sehingga tidak ada cukup air untuk memberi makan baik kambing domba dan lembu sapi milik Abraham dan Lot. Kadang-kadang penggembala dari kedua belah pihak bahkan jadi bertengkar.

Abraham tidak ingin perdamaian rusak, dan ia memberi Lot hak untuk memilih dulu sisi mana dari negeri itu yang ia inginkan dan Abraham akan pergi ke sisi yang lain. Bagian yang paling penting untuk merawat lembu sapi adalah rumput dan air. Tempat mereka tinggal tidak memiliki cukup rumput dan air bagi lembu sapi, dan untuk mengalah atas tanah lebih baik adalah sama seperti memberikan apa yang kita perlukan untuk bertahan hidup.

Abraham bisa memiliki kepedulian sedemikian besar terhadap Lot karena Abraham sangat mengasihinya. Tetapi Lot sungguh tidak mengerti kasih Abraham; Dia hanya memilih tanah lebih baik, lembah Sungai Yordan dan pergi. Apakah Abraham merasa tidak nyaman melihat Lot segera memilih tanpa ragu-ragu apa yang baik untuk dirinya? Tidak sama sekali! Ia merasa bahagia bahwa keponakannya mengambil tanah yang baik.

Allah melihat ini hati Abraham yang baik ini dan memberkati dia bahkan lebih lagi kemana pun ia pergi. Ia menjadi seorang laki-laki kaya dan ia juga dihormati bahkan oleh raja-raja di daerah tersebut. Seperti digambarkan di sini, kita pasti akan menerima berkat Allah jika kita mencari keuntungan bagi orang lain dulu dan bukan bagi kita sendiri.

Jika kita memberikan sesuatu milik kita kepada orang yang kita kasihi, sukacitanya akan lebih besar daripada apa pun. Ini adalah semacam sukacita yang hanya dapat dimengerti oleh orang-orang yang telah memberikan sesuatu yang sangat berharga bagi orang yang mereka kasihi. Yesus menikmati sukacita semacam ini. Kebahagiaan terbesar ini bisa dimiliki ketika kita menanam kasih yang sempurna. Sulit untuk memberi kepada orang yang kita benci, tetapi tidak sulit sama sekali untuk memberi kepada orang-orang yang kita kasihi. Kita akan memberi dengan senang.

Untuk Menikmati Kebahagiaan Terbesar

Kasih yang sempurna membuat kita menikmati kebahagiaan terbesar. Dan untuk memiliki kasih yang sempurna seperti Yesus, kita harus memikirkan orang lain sebelum diri kita sendiri. Alih-alih diri sendiri, maka tetangga kita, Allah, Tuhan, dan Gereja harus menjadi prioritas kita, dan jika kita melakukannya, Allah akan mengurus kita. Ia memberi kita kembali sesuatu yang lebih baik ketika kita mencari keuntungan bagi orang lain. Di Surga akan disimpan upah surgawi kita. Itulah mengapa Allah mengatakan, dalam Kisah Para Rasul 20:35, *"Adalah lebih berbahagia memberi dari pada menerima."*

Di sini, kita harus jelas tentang satu hal. Kita tidak boleh menyebabkan masalah kesehatan bagi diri kita sendiri dengan bekerja dengan tekun bagi Kerajaan Allah melampaui batas kekuatan fisik kita. Allah akan menerima hati kita jika kita mencoba untuk menjadi setia melampaui keterbatasan kita. Namun tubuh fisik kita perlu istirahat. Kita juga harus mengurus kesejahteraan jiwa kita dengan berdoa, puasa, dan belajar Firman Allah, dan tidak hanya bekerja untuk gereja.

Beberapa orang menyebabkan kerugian atau kerusakan bagi anggota keluarganya atau orang lain dengan menghabiskan terlalu banyak waktu dalam kegiatan keagamaan atau gereja. Sebagai contoh, beberapa orang tidak bisa melakukan tugas mereka dengan baik dalam pekerjaan karena mereka berpuasa. Beberapa siswa mungkin mengabaikan studi mereka untuk berpartisipasi dalam kegiatan sekolah minggu.

Dalam kasus di atas, mereka mungkin berpikir mereka tidak mencari keuntungan mereka sendiri karena mereka masih bekerja keras. Tapi, itu tidak benar. Terlepas dari kenyataan bahwa mereka bekerja untuk Allah, mereka tidak bersikap setia dalam rumah Allah, dan dengan demikian itu berarti mereka tidak memenuhi seluruh kewajiban anak-anak Allah. Bagaimanapun juga, mereka hanya mencari keuntungan mereka sendiri.

Sekarang, apa yang harus kita lakukan untuk menghindari mencari keuntungan kita dalam segala hal? Kita harus bergantung pada Roh Kudus. Roh Kudus, yang merupakan hati dari Allah, membawa kita pada kebenaran. Kita bisa hidup hanya untuk kemuliaan Allah jika kita melakukan segala sesuatu dengan bimbingan Roh Kudus sama seperti Rasul Paulus berkata, *"Aku menjawab: Jika engkau makan atau jika engkau minum, atau jika engkau melakukan sesuatu yang lain, lakukanlah semuanya itu untuk kemuliaan Allah"* (1 Korintus 10:31).

Untuk dapat melakukan seperti di atas, kita harus membuang kejahatan dari hati kita. Selain itu, jika kita menanam kasih sejati dalam hati kita, hikmat kebaikan akan datang kepada kita sehingga kita bisa membedakan kehendak Allah dalam setiap situasi. Seperti yang di atas, jika jiwa kita sejahtera, maka segala sesuatu akan berjalan baik dengan kita dan kita akan menjadi sehat, sehingga kita dapat setia kepada Allah sepenuhnya. Kita akan juga dikasihi oleh sesama kita dan anggota keluarga.

Ketika pengantin baru datang untuk menerima berkat doa saya, saya selalu berdoa bagi mereka agar mereka akan mencari keuntungan bagi yang lain terlebih dulu. Jika mereka mulai mencari mereka keuntungan mereka sendiri, maka mereka tidak akan mampu memiliki keluarga yang damai.

Kita dapat mencari keuntungan orang-orang yang kita kasihi atau orang-orang yang dapat bermanfaat bagi kita. Tapi bagaimana dengan orang-orang yang membuat kita menderita dalam segala hal dan selalu mencari keuntungan mereka sendiri? Dan, bagaimana dengan orang-orang yang menimbulkan bahaya atau menyebabkan kita menderita kerusakan, atau mereka yang tidak dapat memberikan manfaat kepada kita? Bagaimana kita akan bertindak terhadap orang-orang yang bertindak dalam kejahatan dan mengucapkan kata-kata yang jahat sepanjang waktu?

Dalam kasus-kasus itu, jika kita hanya menghindari mereka atau jika kita tidak bersedia untuk berkorban bagi mereka, itu berarti kita masih mencari keuntungan bagi diri kita sendiri. Kita harus dapat mengorbankan diri dan memberi jalan kepada bahkan orang-orang yang memiliki pendapat yang berbeda dari kita. Barulah kemudian dapat kita dianggap sebagai orang-orang yang memberikan kasih rohani.

8. Kasih Tidak Mudah Marah

Kasih membuat hati orang menjadi positif. Di sisi lain, kemarahan membuat hati seseorang menjadi negatif. Kemarahan menyakiti hati dan membuatnya jadi gelap. Jadi, jika Anda menjadi marah, Anda tidak bisa tinggal dalam kasih Allah. Jerat utama adalah musuh Iblis dan setan menetapkan kebencian dan kemarahan di hadapan sebelum anak-anak Allah.

Menjadi marah tidak hanya menjadi kesal, berteriak, memaki dan menjadi kasar. Jika wajah Anda menjadi berubah, jika warna paras Anda berubah, dan jika Anda cara berbicara tiba-tiba menjadi cepat, itu semua adalah bagian dari bertindak dengan kemarahan. Meskipun besarnya berbeda dalam setiap kasus, hal ini masih menjadi ekspresi luar kebencian dan perasaan kesal di hati. Tapi kemudian, hanya dengan melihat penampilan seseorang, kita tidak boleh menghakimi atau menghukum orang lain dengan menganggap bahwa dia marah. Ini tidak mudah bagi siapa saja untuk memahami orang lain hati dengan tepat.

Yesus pernah mengusir orang-orang yang menjual barang di dalam Bait Allah. Para pedagang menaruh meja dan bertukar uang atau menjual ternak kepada orang-orang yang datang ke Bait Allah di Yerusalem untuk merayakan Paskah. Yesus begitu lembut; Ia tidak bertengkar atau meninggikan suara-Nya, dan tidak akan ada orang yang akan mendengar suara-Nya di jalan-jalan. Tapi melihat adegan ini, sikap yang ditunjukkan Yesus sangat berbeda dari biasanya.

Dia membuat cambuk dari tali dan mengusir domba, sapi, dan hewan-hewan korban lainnya. Ia membalikan meja-meja penukar uang dan penjual merpati. Ketika orang-orang melihat Yesus, mereka mungkin menganggap bahwa Ia menjadi marah. Tetapi pada saat ini, bukan karena Dia sangat marah akibat perasaan sakit seperti kebencian. Ia hanya memiliki kegeraman yang benar. Oleh kegeraman-Nya yang benar, Ia membuat kita menyadari bahwa kejahatan yang mencemari Bait Allah tidak dapat ditoleransi. Kemarahan yang benar semacam ini adalah hasil dari kasih Allah yang menyempurnakan kasih dengan keadilan-Nya.

Perbedaan antara Kegeraman yang Benar dan Kemarahan

Dalam Markus pasal 3, pada hari Sabat Yesus menyembuhkan orang di dalam rumah ibadat yang memiliki penyakit tangan layu. Orang memperhatikan Yesus untuk melihat kalau-kalau Ia akan menyembuhkan orang pada hari Sabat sehingga mereka bisa menuduh Yesus melanggar hari Sabat. Saat ini, Yesus tahu hati orang-orang itu dan bertanya, *"Manakah yang diperbolehkan pada hari Sabat, berbuat baik atau berbuat jahat, menyelamatkan nyawa orang atau membunuh orang?"* Tetapi mereka itu diam saja (Markus 3:4).

Niat mereka terungkap, dan mereka tidak memiliki kata-kata lagi untuk berbicara. Yesus marah adalah terhadap hati mereka yang mengeras.

Ia berdukacita karena kedegilan mereka dan dengan marah Ia memandang sekeliling-Nya kepada mereka lalu Ia berkata kepada orang itu: "Ulurkanlah tanganmu!" Dan ia mengulurkannya, maka sembuhlah tangannya itu (Markus 3:5).

Pada waktu itu, orang-orang jahat hanya mencoba untuk mengutuk dan membunuh Yesus, yang sedang melakukan hanya pekerjaan yang baik. Jadi, kadang-kadang, Yesus menggunakan ungkapan yang keras pada mereka. Itu agar mereka menyadari dan berbalik dari jalan kehancuran. Demikian juga, kegeraman Yesus berasal dari kasih-Nya. Kegeraman ini kadang-kadang untuk membangunkan orang-orang dan memimpin mereka pada kehidupan. Ini adalah cara ini bahwa menjadi dan memiliki kegeraman yang benar adalah sungguh berbeda. Hanya ketika seseorang menjadi dikuduskan dan tidak memiliki dosa sama sekali, ia dapat menegur dan menasihati untuk memberi kehidupan kepada jiwa-jiwa. Tetapi tanpa pengudusan hati, seseorang tidak bisa menghasilkan buah semacam ini.

Ada adalah beberapa alasan mengapa orang-orang menjadi marah. Pertama, itu adalah karena gagasan orang-orang dan apa yang mereka inginkan berbeda dari satu sama lain. Setiap orang memiliki berbagai latar belakang keluarga dan pendidikan berbeda, sehingga hati dan pikiran, serta standar mereka semua dalam menilai juga berbeda satu sama lain. Tapi mereka mencoba untuk membuat orang lain mengikuti ide-ide mereka sendiri, dan dalam proses ini mereka akhirnya memiliki perasaan sebal.

Misalkan suami suka makanan asin sementara istri tidak. Istrinya bisa berkata, "Terlalu banyak garam tidak baik untuk kesehatanmu, dan kamu harus mengkonsumsi lebih sedikit garam." Dia memberikan nasihat ini untuk kesehatan suaminya.

Tetapi jika suami tidak menginginkannya, dia tidak boleh memaksakan pendapatnya. Mereka harus menemukan cara bagi mereka berdua untuk bisa mengalah terhadap satu sama lain. Mereka dapat menciptakan keluarga yang bahagia ketika mereka mencoba bersama-sama.

Kedua, seseorang mungkin marah ketika orang lain tidak mendengarkan dia. Jika dia lebih tua atau adadalam posisi yang lebih tinggi, dia ingin orang lain menuruti dia. Tentu saja, memang benar untuk menghormati para senior dan menaati mereka yang dalam posisi terkemuka di hierarki, tetapi sebenarnya tidak benar juga bagi orang-orang ini untuk memaksa mereka yang berada pada posisi yang lebih rendah untuk menuruti mereka.

Ada kasus-kasus ketika seseorang yang lebih tinggi kedudukannya tidak mendengarkan bawahan sama sekali tetapi hanya ingin mereka mengikuti perkataannya tanpa syarat. Dalam kasus lain orang menjadi marah ketika mereka menderita kerugian atau diperlakukan tidak adil. Selain itu, seseorang bisa menjadi marah ketika orang membenci dia tanpa sebab, atau ketika hal-hal tidak dilakukan seperti yag ia minta atau perintahkan; atau ketika orang lain mengutuk atau menghinanya.

Sebelum mereka menjadi marah, orang-orang sudah memiliki perasaan sakit hati duluan di dalam hati mereka. Kata-kata atau tindakan orang lain merangsang perasaan mereka begitu. Akhirnya perasaan sakit hati keluar sebagai kemarahan. Biasanya, memiliki perasaan sakit hati ini adalah langkah pertama untuk menjadi marah. Kita tidak bisa tinggal di dalam kasih Allah dan pertumbuhan rohani kita akan sangat terhalang jika kita marah.

Kita tidak bisa mengubah diri kita dengan kebenaran selama kita memiliki perasaan sakit hati, dan kita harus melakukan menghilangkan kemarahan, serta membuang kemarahan itu sendiri. 1 Korintus 3:16 berkata, *"Tidak tahukah kamu, bahwa kamu adalah bait Allah dan bahwa Roh Allah diam di dalam kamu?"*

Mari kita sadari bahwa Roh Kudus mengambil hati kita sebagai bait Allah dan bahwa Allah selalu mengamati kita, sehingga kita tidak akan menjadi marah karena beberapa hal tidak sesuai dengan ide-ide kita sendiri.

Kemarahan Manusia Tidak Mencapai Kebenaran Allah

Dalam hal Elisa, ia menerima dua kali lipat roh gurunya, Elia, dan melakukan lebih banyak pekerjaan dengan kuasa Allah. Dia memberi perempuan mandul berkat mengandung; Dia menghidupkan kembali orang mati, menyembuhkan penderita kusta, dan mengalahkan tentara musuh. Dia mengubah air yang tidak bisa diminum menjadi air yang baik dengan meletakkan garam di dalamnya. Namun demikian, ia meninggal karena sebuah penyakit, di mana hal seperti itu jarang terjadi pada seorang nabi besar Allah.

Apa yang menjadi penyebabnya? Itu terjadi ketika ia akan naik ke Betel. Sekelompok anak keluar dari kota dan mengolok-olok dia, karena dia tidak punya banyak rambut dan penampilannya tidak menarik. *"Pergi, botak; naiklah botak!"* (2 Raja-raja 2:23).

Tidak hanya satu dua, tapi begitu banyak anak yang mengikuti dan mengejek Elisa, dan ia merasa malu. Ia menasihati mereka dan memarahi mereka, tetapi mereka tidak mau mendengarkan. Mereka begitu keras kepala dalam menyulitkan nabi itu, dan hal itu tak tertahankan bagi Elisa.

Betel adalah seperti kampung halaman kota penyembahan berhala di Israel Utara setelah perpecahan bangsa itu. Anak-anak dalam wilayah itu pasti telah mengeraskan hati mereka karena lingkungannya yang menyembah berhala. Mereka mungkin telah memblokir jalan, meludahi Elisa, atau bahkan melemparkan batu kepadanya. Elisa akhirnya mengutuk mereka. Dua beruang betina keluar dari hutan dan membunuh empat puluh dua orang dari mereka.

Tentu saja, mereka mengundang sendiri bencana itu dengan mengejek abdi Allah melampaui batas, tapi itu membuktikan bahwa Elisa memiliki perasaan sakit hati. Hal ini sesuai dengan fakta bahwa ia meninggal karena penyakit. Kita dapat melihat bahwa sebenarnya tidak benar bagi anak-anak Allah untuk menjadi marah. *"Sebab amarah manusia tidak mengerjakan kebenaran di hadapan Allah"* (Yakobus 1:20).

Jangan Menjadi Marah

Apa yang harus kita lakukan agar tidak menjadi marah? Apakah kita harus menekannya dengan pengendalian diri? Seperti yang kita mendorong pegas dengan keras, hal itu mendapat kekuatan balik yang besar dan terlepas saat kita melepaskan tangan kita. Sama halnya dengan menjadi marah. Jika kita hanya menekannya, kita mungkin bisa untuk menghindari konflik saat ini, tetapi pada akhirnya akan meledak cepat atau lambat. Oleh karena itu, agar tidak menjadi marah, kita harus menyingkirkan perasaan kemarahan itu sendiri. Kita jangan menekan perasaan kita melainkan tapi mengubah kemarahan kita menjadi kebaikan dan kasih sehingga kita tidak perlu menekan apa pun.

Tentu saja, kita tidak bisa membuang semua perasaan sakit dalam semalam dan menggantinya dengan kebaikan dan kasih. Kita perlu terus-menerus mencoba dari hari ke hari. Pada awalnya, dalam situasi yang membuat marah, kita harus menyerahkan keadaan kepada Allah dan bersabar. Dikatakan bahwa dalam studi Thomas Jefferson, Presiden ketiga Amerika Serikat, ditulis, "ketika marah, hitung sampai sepuluh sebelum Anda berbicara; Jika sangat marah, seratus." Pepatah Korea mengatakan "tiga kali memiliki kesabaran akan menghentikan pembunuhan."

Saat marah, kita harus mundur dan berpikir tentang manfaat apa yang akan kita peroleh jika kita marah. Kemudian, kita akan tidak melakukan apa pun yang akan kita sesali atau membuat kita malu. Ketika kita mencoba untuk bersabar dengan doa dan pertolongan Roh Kudus, kita akan segera membuang rasa jahat kemarahan itu sendiri. Jika kita marah sepuluh kali sebelumnya, angka akan berkurng menjadi sembilan kemudian delapan dan seterusnya. Kemudian, kita hanya akan memiliki kedamaian bahkan dalam situasi yang membuat marah. Betapa bahagianya kita kemudian!

Amsal 12:16 berkata, *"Bodohlah yang menyatakan sakit hatinya seketika itu juga, tetapi bijak, yang mengabaikan cemooh,"* dan Amsal 19:11 berkata, *"Akal budi membuat seseorang panjang sabar dan orang itu dipuji karena memaafkan pelanggaran."*

'Anger' (Kemarahan) hanya berbeda satu huruf 'D' dari 'Danger' (Bahaya). Kita mungkin mampu menyadari betapa berbahayanya menjadi marah itu. Pemenang akhir adalah orang yang mampu bertahan. Beberapa orang melatih pengendalian-diri ketika berada di gereja bahkan dalam situasi yang dapat membuat dia marah, tetapi mereka mudah marah di rumah, sekolah, atau tempat kerja. Allah tidak hanya ada dalam gereja.

Dia tahu kita duduk dan berdiri, dan setiap perkataan yang kita ucapkan dan setiap pikiran kita. Dia melihat kita di mana-mana, dan Roh Kudus tinggal di dalam hati kita. Oleh karena itu, kita harus hidup seolah-olah kita berdiri di hadapan Allah sepanjang waktu.

Ada pasangan yang mengalami sebuah pertengkaran, dan suami yang marah berteriak kepada istrinya untuk menutup mulutnya. Istrinya begitu terkejut sampai-sampai ia tidak membuka mulutnya lagi untuk berbicara sampai ia meninggal. Suami yang melontarkan kemarahan pada istrinya seperti juga sang istri menjadi sangat menderita. Menjadi marah dapat membuat banyak orang menderita, dan kita harus berusaha keras untuk menyingkirkan semua jenis perasaan sakit hati.

9. Kasih Itu Tidak Menyimpan Kesalahan Orang Lain

Dalam melakukan pelayanan, saya telah bertemu dengan berbagai macam orang. Beberapa orang merasakan emosi kasih Allah hanya dengan memikirkan tentang Dia dan mulai meneteskan air mata sementara yang lain memiliki masalah dalam hati mereka karena mereka tidak merasakan kasih Allah dengan sangat di dalam hati mereka meskipun mereka percaya dan mengasihi Allah.

Sejauh mana kita merasakan kasih Allah tergantung pada sejauh mana kita membuang dosa dan kejahatan. Sejauh mana kita hidup oleh Firman Allah dan membuang kejahatan cast dari hati kita, maka kita dapat merasakan kasih Allah yang mendalam di hati kita tanpa mengalami pertumbuhan iman kita berhenti. Kita kadang-kadang mungkin menghadapi kesulitan dalam langkah iman kita, tetapi pada masa-masa ini kita harus ingat kasih Allah yang sedang menunggu kita sepanjang waktu. Asalkan kita mengingat kasih-Nya, kita akan tidak menyimpan kesalahan orang lain.

Menyimpan Kesalahan Orang Lain

Dalam bukunya, Menyembuhkan Kecanduan Tersembunyi dalam Hidup, Dr Archibald D. Hart, mantan Dekan Kampus Psikologi di Fuller Theological Seminary, mengatakan bahwa satu dari empat pemuda di Amerika mengalami depresi serius, dan bahwa depresi, obat-obatan, seks, Internet, minum alkohol, dan merokok tengah merusak kehidupan orang-orang muda.

Saat pecandu berhenti menggunakan zat yang mengubah pemikiran, perasaan, dan perilakunya, mereka mungkin hanya akan memiliki sedikit kemampuan untuk bertahan, jika ada. Pecandu dapat beralih ke perilaku adiktif lain yang dapat memanipulasi kimiawi otak untuk melarikan diri. Perilaku adiktif ini mungkin termasuk seks, cinta, dan hubungan (SLR – sex, love and relationship). Mereka tidak bisa mendapatkan kepuasan sejati dari apa pun, dan tidak dapat mereka merasa kasih karunia dan sukacita yang berasal dari hubungan dengan Allah, dan dengan demikian mereka berada dalam keadaan sakit yang serius, menurut Dr Hart. Kecanduan adalah upaya untuk mendapatkan kepuasan dari hal-hal selain daripada berkat dan sukacita yang diberikan oleh Allah, dan itu adalah akibat dari mengabaikan Allah. Seorang pecandu pada dasarnya akan memikirkan kesalahan orang lain sepanjang waktu.

Sekarang, apa yang dimaksud dengan kesalahan orang lain? Ini merujuk pada semua hal yang jahat, yang tidak sesuai dengan kehendak Allah. Berpikir jahat umumnya dapat dikategorikan menjadi tiga jenis.

Yang pertama adalah pikiran bahwa Anda ingin terjadi hal buruk pada orang lain.

Sebagai contoh, mari kita katakan Anda bertengkar dengan seseorang. Kemudian, Anda jadi sangat membenci dia sehingga Anda berpikir seperti, "Saya berharap dia akan tersandung dan jatuh." Juga, katakanlah Anda tidak memiliki hubungan yang baik dengan tetangga, dan sesuatu yang buruk terjadi padanya.

Kemudian, Anda berpikir, "Dia pantas menerimanya!" atau "Aku tahu itu akan terjadi!" Bagi siswa, mungkin ada siswa tertentu yang ingin agar teman sekelas nya tidak menyelesaikan ujian dengan baik.

Jika Anda memiliki kasih sejati di dalam diri Anda, maka Anda tidak pernah akan memirkan hal-hal jahat. Apakah Anda ingin orang tersayang Anda menjadi sakit atau mendapat kecelakaan? Anda selalu ingin agar istri atau suami tersayang Anda akan selalu sehat dan bebas dari kecelakaan. Karena kita tidak memiliki kasih dalam hati kita, kita ingin agar terjadi hal buruk pada orang lain, dan kita bersukacita atas kemalangan orang lain.

Juga, kita ingin tahu kekurangan atau titik lemah orang lain dan untuk menyebarkannya jika kita tidak memiliki kasih. Misalkan Anda pergi ke pertemuan, dan seseorang di sana mengatakan sesuatu yang buruk tentang orang lain. Jika Anda tertarik dalam percakapan demikian, maka Anda harus memeriksa hati Anda. Jika seseorang menghina orangtua Anda, apakah Anda ingin tetap mendengarkan itu? Anda akan menyuruh mereka untuk berhenti segera.

Tentu saja, ada waktu dan kasus-kasus di mana Anda harus mengetahui situasi orang lain karena Anda ingin membantu orang-orang. Tetapi buka ini yang terjadi dan jika Anda masih tertarik mendengar hal-hal buruk tentang orang lain, itu karena Anda memiliki keinginan untuk fitnah dan gosip tentang orang lain. *"Siapa menutupi pelanggaran, mengejar kasih, tetapi siapa membangkit-bangki perkara, menceraikan sahabat yang karib"* (Amsal 17:9).

Orang yang baik dan memiliki kasih dalam hati mereka akan mencoba untuk menutupi kesalahan orang lain. Juga, jika kita memiliki kasih rohani, maka kita tidak akan iri atau cemburu ketika orang lain menjadi kaya. Kita hanya ingin agar mereka untuk menjadi makmur dan dikasihi oleh orang lain. Tuhan Yesus mengatakan kepada kita untuk mengasihi bahkan musuh-musuh kita. Roma 12:14 juga berkata, *"Berkatilah siapa yang menganiaya kamu, berkatilah dan jangan mengutuk."*

Aspek kedua dari pikiran jahat adalah pikiran menghakimi dan mengutuk orang lain.

Misalnya, Anda melihat orang percaya yang lain pergi ke tempat di mana orang-orang percaya tidak boleh datangi. Kemudian, jenis pemikiran apa yang akan Anda miliki? Anda mungkin memiliki pendapat negatif tentang dia sejauh mana Anda memiliki kejahatan, Anda mungkin berpikir seperti, 'Bagaimana bisa dia melakukan itu?' Atau, jika Anda memiliki beberapa kebaikan, Anda mungkin bertanya-tanya, 'Mengapa ia pergi ke tempat begitu?', tapi kemudian, Anda berubah pikiran dan berpikir bahwa ia pasti memiliki alasan untuk melakukannya.

Tetapi jika Anda memiliki kasih rohani dalam hati Anda, Anda sama sekali tidak akan memiliki pikiran jahat dari semula. Bahkan jika Anda mendengar sesuatu yang tidak baik, Anda tidak akan menghakimi atau mengutuk orang tersebut kecuali Anda memeriksa fakta-faktanya. Dalam kebanyakan kasus, ketika orangtua mendengar beberapa hal-hal buruk tentang anak-anak mereka, bagaimana reaksi mereka? Mereka tidak mudah menerima itu tetapi sebaliknya mereka bersikeras bahwa anak-anak mereka tidak akan melakukan hal-hal demikian Mereka akan menganggap bahwa orang yang mengatakan hal-hal buruk itulah yang tidak baik. Dengan cara yang sama, jika Anda benar-

benar mengasihi seseorang, Anda akan mencoba untuk berpikir tentang dia dalam cara sebaik mungkin. Tapi hari ini, kita menemukan bahwa orang berpikir jahat tentang orang lain dan dengan mudah mengatakan hal-hal buruk tentang mereka.

Itu tidak dilakukan dalam hubungan pribadi saja, tetapi mereka juga mengkritik orang-orang yang memangku jabatan publik. Mereka bahkan tidak mencoba untuk melihat seluruh gambaran tentang apa yang sesungguhnya terjadi, namun mereka menyebar desas-desus tidak berdasar.

Karena komentar yang agresif di Internet, beberapa orang bahkan melakukan bunuh diri. Mereka hanya menghakimi dan mengecam orang lain dengan standar mereka sendiri dan bukan Firman Allah. Tapi apa kehendak baik dari Allah?

Yakobus 4:12 memperingatkan kita, *"Hanya ada satu Pembuat hukum dan Hakim, yaitu Dia yang berkuasa menyelamatkan dan membinasakan. Tetapi siapakah engkau, sehingga engkau mau menghakimi sesamamu manusia?"*

Hanya Allah saja yang benar-benar bisa menghakimi Yaitu, Allah memberi tahu kita bahwa itu adalah jahat untuk menghakimi sesama kita manusia. Misalkan seseorang jelas melakukan perbuatan yang salah. Dalam situasi ini, bagi mereka yang memiliki kasih rohani tidak penting apakah orang itu benar atau salah dalam apa yang dia lakukan. Mereka akan hanya memikirkan apa yang benar-benar bermanfaat bagi orang itu. Mereka hanya ingin orang itu jiwa menjadi sejahtera dan agar ia dikasihi oleh Allah.

Selanjutnya, kasih yang sempurna adalah tidak hanya menutupi pelanggaran, tetapi juga membantu orang lain untuk bertobat. Kita juga harus mampu mengajarkan kebenaran dan menyentuh hati orang itu sehingga ia bisa pergi ke jalan yang benar dan mengubah dirinya. Jika kita memiliki kasih rohani yang sempurna, kita tidak perlu mencoba untuk melihat orang dengan kebaikan. Kita secara alami akan mengasihi bahkan orang yang melalukan banyak pelanggaran. Kita hanya ingin percaya kepadanya dan membantunya. Jika kita tidak memiliki apa pun pemikiran menghakimi atau mengutuk orang lain, maka kita akan bahagia dengan siapa saja yang kita temui.

Aspek yang ketiga adalah semua pikiran yang tidak sesuai dengan kehendak Allah.

Tidak hanya memiliki beberapa pikiran jahat tentang orang lain tetapi juga memiliki pikiran apa pun yang tidak sesuai dengan kehendak Allah adalah pemikiran jahat. Di dunia, orang-orang yang hidup dengan standar moral dan menurut hati nurani mereka dikatakan sebagai orang yang hidup dalam kebaikan.

Tetapi moralitas maupun hati nurani tidak dapat menjadi standar mutlak kebaikan. Keduanya memiliki banyak hal yang bertentangan atau benar-benar kebalikan dari Firman Allah. Hanya Firman Allah yang dapat menjadi standar mutlak kebaikan.

Mereka yang menerima Tuhan mengakui bahwa mereka orang berdosa. Orang mungkin terlalu bangga pada diri mereka sendiri karena fakta bahwa mereka adalah menjalani kehidupan yang baik dan bermoral, tetapi mereka masih jahat dan mereka masih orang berdosa menurut Firman Allah. Hal ini karena segala sesuatu yang tidak sesuai dengan Firman Allah adalah kejahatan dan dosa, dan hanya Firman Allah yang merupakan standar mutlak kebaikan (1 Yohanes 3:4).

Kemudian, apa perbedaan antara dosa dan kejahatan? Dalam arti yang luas, dosa dan kejahatan adalah sama ketidakbenaran yang melawan kebenaran yaitu Firman Allah. Mereka adalah kegelapan, yang merupakan lawan Allah yang adalah Terang.

Tetapi secara lebih terinci mereka sangat berbeda dari satu sama lain. Jika membandingkan keduanya dengan pohon, 'jahat' adalah seperti akar yang ada di tanah dan tidak terlihat, dan 'dosa' adalah seperti cabang, daun, serta buah-buahnya. Tanpa akar, pohon tidak memiliki cabang, daun atau buah-buahan.

Demikian juga, dosa diwujudkan karena kejahatan. Kejahatan adalah sifat alami di hati seseorang. Itu adalah sifat yang menentang kebaikan, kasih, dan kebenaran Allah. Ketika kejahatan ini diwujudkan dalam suatu bentuk, itu disebut sebagai dosa.

Yesus berkata, *"Orang yang baik mengeluarkan barang yang baik dari perbendaharaan hatinya yang baik dan orang yang jahat mengeluarkan barang yang jahat dari perbendaharaannya yang jahat. Karena yang diucapkan mulutnya, meluap dari hatinya"* (Lukas 6:45).

Misalkan seseorang mengatakan sesuatu yang menyakiti orang lain yang dia benci. Ini adalah saat di mana kejahatan di dalam hatinya diwujudkan sebagai 'kebencian' dan 'perkataan jahat', yang merupakan dosa-dosa khusus. Dosa diwujudkan dan digolongan sesuai dengan standar yang disebut Firman Allah, yang merupakan perintah.

Tanpa hukum tak seorang pun dapat menghukum orang lain karena tidak ada standar dalam menegaskan dan menghakimi. Demikian juga, dosa diungkapkan karena itu bertentangan dengan standar Firman Allah. Dosa dapat dikategorikan ke dalam perkara-perkara daging dan perbuatan daging. Perkara-perkara daging adalah dosa-dosa di hati dan pikiran seperti kebencian, iri hati, kecemburuan, pikiran cabul, sementara perbuatan daging adalah dosa yang dilakukan dalam tindakan seperti bertengkar, melontarkan kemarahan, atau pembunuhan.

Hal ini agak mirip dengan dosa atau kejahatan dunia ini yang juga dikategorikan ke dalam dosa-dosa yang berbeda. Sebagai contoh, tergantung pada siapa kejahatan itu dilakukan, itu bisa melawan bangsa, suku, atau perorangan.

Tetapi meskipun seseorang memiliki kejahatan di dalam hatinya, belum tentu ia akan melakukan dosa. Jika ia mendengarkan firman Allah dan memiliki pengendalian diri, dia dapat menghindari melakukan dosa meskipun ia memiliki kejahatan di dalam hatinya. Pada tahap ini, ia mungkin sudah puas dengan berpikir dia telah mencapai pengudusan hanya karena ia tidak melakukan dosa yang nyata.

Namun, untuk dikuduskan sepenuhnya, kita harus menyingkirkan kejahatan yang ditempatkan dalam sifat alami kita, yang ada jauh di kedalaman hati kita. Dalam sifat seseorang terkandung kejahatan yang diwarisi dari orang tuanya. Ini tidak biasanya diwujudkan dalam situasi yang biasa, tetapi hal akan muncul dalam situasi yang ekstrem.

Sebuah pepatah Korea, "Semua orang akan melompati pagar tetangga jika kelaparan selama tiga hari." Ini sama seperti "Kebutuhan tidak mengakui adanya hukum." Sampai kita benar-benar dikuduskan, kejahatan yang telah tersembunyi dapat diwujudkan bila dalam situasi yang ekstrem.

Meskipun sangat kecil, kotoran lalat tetap masih kotoran.

Kebanyakan dengan cara yang sama, meskipun mereka bukan dosa, semua hal yang tidak sempurna di hadapan Allah yang sempurna adalah bentuk kejahatan bagaimanapun juga. Itulah sebabnya mengapa 1 Tesalonika 5:22 mengatakan, *"....Jauhkanlah dirimu dari segala jenis kejahatan."*

Allah adalah kasih. Pada dasarnya, perintah-perintah Allah dapat diringkas menjadi 'kasih'. Maka, adalah kejahatan dan melanggar hukum bila kita tidak mengasihi Oleh karena itu, dengan memeriksa apakah kita menyimpan kesalahan orang lain, kita bisa memikirkan seberapa banyak kasih yang kita miliki dalam diri kita. Sejauh mana kita mengasihi Allah dan orang lain, maka kita akan tidak menyimpan kesalahan orang lain.

Dan inilah perintah-Nya itu: supaya kita percaya akan nama Yesus Kristus, Anak-Nya, dan supaya kita saling mengasihi sesuai dengan perintah yang diberikan Kristus kepada kita (1 Yohanes 3:23).

Kasih tidak berbuat jahat terhadap sesama manusia, karena itu kasih adalah kegenapan hukum Taurat (Roma 13:10).

Jangan Menyimpan Kesalahan Orang Lain

Agar tidak menyimpan kesalahan orang lain, di atas segalanya, kita bahkan tidak boleh melihat atau mendengar hal-hal yang jahat. Bahkan walaupun kita tidak sengaja melihat atau mendengar hal yang jahat, kita jangan mencoba mengingat atau memikirkannya lagi. Kita harus mencoba untuk tidak mengingatnya. Tentu saja, kadang-kadang kita mungkin tidak akan mampu mengendalikan pikiran kita sendiri. Pikiran tertentu mungkin timbul lebih kuat ketika kita sengaja mencoba untuk tidak memikirkan hal itu. Tapi saat kita terus berupaya untuk menghilangkan pikiran jahat dengan doa, Roh Kudus akan membantu kita. Kita tidak boleh sengaja sengaja melihat, mendengar, atau memikirkan hal-hal yang jahat, dan selain itu, kita harus membuang bahkan jika pikiran jahat itu melintas melalui pikiran kita sejenak.

Kita juga tidak boleh ikut serta dalam setiap pekerjaan yang jahat. 2 Yohanes 1:10-11 mengatakan, *"Jikalau seorang datang kepadamu dan ia tidak membawa ajaran ini, janganlah kamu menerima dia di dalam rumahmu dan janganlah memberi salam kepadanya. Sebab barangsiapa memberi salam kepadanya, ia mendapat bagian dalam perbuatannya yang jahat."* Itu adalah Allah yang menasihati kita agar terus berupaya menghindari kejahatan dan tidak menerimanya.

Manusia mewarisi sifat dosa dari orangtua mereka. Ketika hidup di dunia ini, manusia terlibat dengan begitu banyak kebohongan. Berdasarkan sifat dosa dan kebohongan ini, seseorang mengembangkan karakter pribadi atau 'diri'. Kehidupan Kristen adalah untuk membuang hakekat dosa dan ketidakbenaran ini mulai dari saat kita menerima Tuhan. Untuk membuang hakekat dosa dan ketidakbenaran ini, kita membutuhkan banyak kesabaran dan usaha. Karena kita hidup di dunia ini, kita lebih akrab dengan ketidakbenaran daripada kebenaran. Relatif lebih mudah untuk menerima ketidakbenaran dan memasukkannya ke dalam kita daripada untuk membuangnya. Sebagai contoh, sangat mudah untuk menodai pakaian putih dengan tinta hitam, tetapi sangat sulit untuk menghapus noda dan membuatnya benar-benar putih lagi.

Juga, meskipun tampak seperti kejahatan yang sangat kecil, namun hal itu dapat berkembang menjadi kejahatan besar dalam sekejap. Sama seperti Galatia 5:9 mengatakan, *"sedikit ragi mengkhamiri seluruh adonan,"* kejahatan yang kecil dapat menyebar ke banyak orang dengan sangat cepat. Oleh karena itu, kita harus berhati-hati bahkan tentang sedikit kejahatan. Agar kita tidak memikirkan yang jahat, kita harus membenci kejahatan itu tanpa berpikir dua kali. Allah memerintahkan kita untuk *"Hai orang-orang yang mengasihi TUHAN, bencilah kejahatan!"* (Mazmur 97:10), dan mengajarkan kita bahwa *"Takut akan TUHAN ialah membenci kejahatan"* (Amsal 8:13).

Jika Anda mengasihi seseorang dengan sangat, Anda akan menyukai apa dia sukai dan Anda akan membenci apa yang dia benci. Anda tidak harus memiliki alasan untuk itu. Ketika anak-anak Allah, yang sudah menerima Roh Kudus, melakukan dosa, maka Roh Kudus di dalam mereka mengerang. Jadi, dalam hati mereka, mereka memiliki rasa penderitaan. Kemudian mereka menyadari bahwa Allah membenci hal-hal yang mereka lakukan, dan mereka mencoba untuk tidak melakukan dosa lagi. Adalah penting untuk mencoba membuang bahkan sedikit bentuk kejahatan dan tidak menerima lebih banyak kejahatan apa pun.

Menyediakan Firman Allah dan Doa

Kejahatan adalah hal yang sia-sia. Amsal 22:8 mengatakan,

"Orang yang menabur kecurangan akan menuai bencana." Penyakit dapat datang kepada kita atau anak kita, atau kita mungkin menghadapi kecelakaan. Kita dapat hidup dalam kesedihan karena kemiskinan dan masalah keluarga. Semua masalah ini, bagaimanapun juga, datang dari kejahatan.

> *Jangan sesat! Allah tidak membiarkan diri-Nya dipermainkan. Karena apa yang ditabur orang, itu juga yang akan dituainya* (Galatia 6:7).

Tentu saja, masalah mungkin tidak muncul segera di hadapan mata kita. Dalam kasus ini, ketika kejahatan menumpuk sampai batas tertentu, mungkin bahkan menimbulkan masalah yang memengaruhi anak-anak kita nanti. Karena orang-orang dunia tidak mengerti aturan semacam ini, mereka melakukan banyak perbuatan jahat dalam berbagai cara.

Sebagai contoh, mereka menganggap adalah biasa untuk membalas dendam terhadap ornag yang menyakiti mereka. Tapi Amsal 20:22 mengatakan, *"Janganlah engkau berkata, 'Aku akan membalas kejahatan,' nantikanlah TUHAN, Ia akan menyelamatkan engkau."*

Allah mengendalikan kehidupan, kematian, keberuntungan, dan kemalangan manusia menurut keadilan-Nya. Oleh karena itu, jika kita melakukan yang baik sesuai dengan firman Allah, kita pasti akan menuai buah dari kebaikan. Seperti yang dijanjikan dalam Keluaran 20:6, yang mengatakan, *"...tetapi Aku menunjukkan kasih setia kepada beribu-ribu orang, yaitu mereka yang mengasihi Aku dan yang berpegang pada perintah-perintah-Ku."*

Untuk menjaga diri dari kejahatan, kita harus membenci kejahatan. Dan di atas semua itu, kita harus memiliki dua hal sepanjang waktu. Kedua hal itu adalah Firman Allah dan doa. Ketika kita merenungkan Firman Allah siang dan malam, kita dapat mengusir pikiran jahat dan memiliki pikiran yang rohani yang baik. Kita dapat mengerti perbuatan seperti apakah yang merupakan perbuatan kasih sejati.

Juga, ketika kita berdoa, kita merenungkan pada Firman dengan lebih mendalam, sehingga kita dapat menyadari kejahatan kita dalam perkataan dan perbuatan. Ketika kita berdoa bersungguh-sungguh dengan bantuan Roh Kudus, kita dapat menguasai dan membuang kejahatan dari hati kita. Mari kita cepat membuang kejahatan dengan firman Allah dan doa sehingga kita bisa menjalani kehidupan yang dipenuhi dengan kebahagiaan.

10. Kasih Tidak Bersukacita Dalam Ketidakbenaran

Semakin besar kemajuan suatu masyarakat, semakin besar kesempatan bagi orang-orang yang jujur untuk berhasil. Sebaliknya, negara-negara berkembang cenderung memiliki lebih banyak korupsi, dan hampir apa saja bisa dimiliki atau dilakukan dengan uang. Korupsi disebut penyakit bangsa-bangsa, karena hal itu berkaitan dengan kemakmuran negara. Korupsi dan ketidakbenaran juga memengaruhi kehidupan perorangan untuk sebagian besar. Orang-orang egois tidak dapat memperoleh kepuasan sejati karena mereka hanya memikirkan tentang diri mereka sendiri dan mereka tidak bisa mengasihi orang lain.

Tidak bersukacita dalam kejahatan dan tidak menyimpan kesalahan orang lain sebenarnya cukup mirip. 'Tidak menyimpan kesalahan orang lain' adalah dengan tidak memiliki bentuk kejahatan di dalam hati. 'Tidak bersukacita dalam ketidakbenaran' adalah tidak menjadi senang dengan perilaku, tindakan, atau perlakuan memalukan atau merendahkan, dan tidak berpartisipasi di dalamnya.

Misalkan Anda cemburu pada teman Anda yang kaya. Anda juga tidak suka dia karena tampaknya ia selalu menyombongkan hartanya. Anda juga berpikir seperti, 'Ia begitu kaya, dan bagaimana dengan saya? Saya berharap ia bangkrut.' Ini adalah memikirkan hal-hal yang jahat. Tapi suatu hari, seseorang menipu dia, dan perusahaannya bangkrut dalam sehari. Di sini, jika Anda mengambil kesenangan dalam berpikir, 'Dia menyombongkan kekayaannya, sudah pantas kalau dia menjadi bangkrut!' Maka ini adalah bersukacita atau senang atas kelaliman. Selain itu, jika Anda berpartisipasi dalam pekerjaan semacam ini, itu sama dengan secara aktif bersukacita dalam ketidakbenaran.

Ada kejahatan secara umum, yang orang-orang tidak percaya juga anggap sebagai ketidakbenaran. Sebagai contoh, ada orang yang mengumpulkan kekayaan mereka denga cara tidak jujur atau mengancam orang lain dengan kekuatan. Seseorang mungkin melanggar peraturan atau undang-undang negara dan menerima sesuatu sebagai ganti untuk keuntungan pribadinya. Jika seorang hakim memberikan hukuman lalim setelah menerima suap, dan orang yang tidak bersalah dihukum, ini adalah kejahatan di mata semua orang. Hal ini adalah menyalahgunakan kuasanya sebagai seorang hakim.

Apabila seseorang menjual sesuatu, dia mungkin menipu dalam volume atau kualitas. Ia dapat menggunakan bahan baku murah dan berkualitas rendah untuk mendapatkan keuntungan yang tidak semestinya. Mereka tidak memikirkan orang lain tetapi hanya keuntugan mereka sendiri jangka pendek. Mereka tahu apa yang benar, tetapi mereka tidak ragu-ragu untuk menipu orang lain karena mereka bersukacita dalam uang yang lalim. Bahkan ada sangat banyak orang yang mencurangi orang lain untuk keuntungan lalim. Tapi bagaimana dengan kita? Apakah kita bisa mengatakan bahwa kita bersih?

Misalkan terjadi sesuatu seperti yang berikut ini. Anda adalah seorang pgawai negeri, dan Anda mengetahui bahwa salah satu teman dekat Anda mendapatkan sejumlah besar uang secara ilegal dalam sejumlah bisnis. Jika ia tertangkap, ia akan dihukum dengan berat, dan teman ini memberikan sejumlah besar uang kepada Anda untuk menjadi diam dan mengabaikannya sementara. Dia mengatakan dia akan memberi Anda lebih banyak uang nantinya. Pada saat yang sama keluarga Anda memiliki keadaan darurat dan Anda memerlukan sejumlah besar uang.

Sekarang, apa yang akan Anda lakukan? Mari kita bayangkan situasi lain. Suatu hari, Anda memeriksa rekening bank Anda, dan Anda memiliki lebih banyak uang daripada yang Anda pikir seharusnya Anda harus memiliki. Anda jadi tahu bahwa jumlah yang seharusnya akan ditransfer sebagai pajak itu tidak ditarik. Dalam hal ini, bagaimana Anda bereaksi? Apakah Anda akan bersukacita dan menganggap itu adalah kesalahan mereka dan bukan tanggung jawab Anda?

2 Tawarikh 19:7 mengatakan, *"Sebab itu, kiranya kamu diliputi oleh rasa takut kepada TUHAN. Bertindaklah dengan seksama, karena berlaku curang, memihak ataupun menerima suap tidak ada pada TUHAN, Allah kita."* Allah itu benar; Dia memiliki kejahatan tidak sama sekali. Kita dapat terlindung dari mata orang, tapi kita tidak bisa menipu Allah. Oleh karena itu, bahkan hanya dengan takut akan Allah, kita harus berjalan di jalan yang benar dengan kejujuran.

Pikirkan kasus Abraham. Ketika keponakannya di Sodom ditangkap dalam perang, Abraham bukan hanya membebaskan keponakannya tetapi juga orang-orang yang ditangkap dan harta milik mereka. Raja Sodom ingin menunjukkan penghargaan dengan memberikan kembali kepada Abraham beberapa barang yang ia bawa kepada raja, tetapi Abraham tidak mau menerimanya.

Tetapi kata Abram kepada raja negeri Sodom itu, "Aku bersumpah demi TUHAN, Allah Yang Mahatinggi, Pencipta langit dan bumi, Aku tidak akan mengambil apa-apa dari kepunyaanmu itu, sepotong benang atau tali kasutpun tidak, supaya engkau jangan dapat berkata, 'Aku telah membuat Abram menjadi kaya'" (Kejadian 14:22-23).

Ketika istrinya Sara meninggal, pemilik tanah menawarkan kepadanya lahan untuk pemakaman, tetapi dia tidak menerimanya. Dia hanya membayar harganya yang wajar. Sehingga tidak akan ada sengketa di masa depan tentang tanah itu. Ia melakukan apa yang ia lakukan karena ia adalah seorang pria yang jujur; ia tidak ingin menerima keuntungan tidak pantas atau keuntungan lalim apa pun. Jika ia mencari uang dia bisa saja hanya mengikuti apa yang menguntungkan bagi dirinya.

Orang yang mengasihi Allah dan dikasihi oleh Allah tidak akan pernah merugikan siapa pun atau mencari keuntungan mereka sendiri melanggar hukum negara. Mereka tidak mengharapkan sesuatu melebihi apa yang mereka layak dapatkan melalui pekerjaan mereka yang jujur. Orang yang bersukacita dalam kejahatan tidak memiliki bagi kasih Allah atau bagi sesama mereka.

Ketidakbenaran d Pandangan Allah

Kejahatan di dalam Tuhan sedikit berbeda dari kejahatan dalam konteks yang umum. Ini bukan hanya untuk melanggar hukum dan menyebabkan kerusakan kepada orang lain, tetapi segala dan setiap dosa yang bertentangan dengan Firman Allah. Ketika kejahatan di hati keluar dalam bentuk tertentu, itu adalah dosa, dan itu adalah kejahatan. Di antara banyak dosa, ketidakbenaran terutama merujuk pada perbuatan daging.

Yaitu, kebencian, iri hati, kecemburuan, dan kejahatan lainnya di hati diwujudkan dalam tindakan sebagai pertengkaran, perselisihan, kekerasan, penipuan, atau pembunuhan. Alkitab memberi tahu kita bahwa jika kita melakukan kejahatan, sulit untuk bahkan diselamatkan.

1 Korintus 6:9-10 mengatakan, *"Atau tidak tahukah kamu, bahwa orang-orang yang tidak adil tidak akan mendapat bagian dalam Kerajaan Allah? Janganlah sesat! Orang cabul, penyembah berhala, orang berzinah, banci, orang pemburit, pencuri, orang kikir, pemabuk, pemfitnah dan penipu tidak akan mendapat bagian dalam Kerajaan Allah."*

Akhan adalah salah satu orang-orang yang menyukai kejahatan dan mengakibatkan kebinasaannya. Dia adalah generasi kedua Keluaran dan sejak kecil ia melihat serta mendengar tentang hal-hal yang sudah dilakukan Allah bagi umat-Nya. Dia melihat tiang awan siang hari dan tiang api pada malam hari yang memandu mereka. Ia melihat banjir sungai Yordan berhenti mengalir dan kota Yerikho yang tak tertembus itu jatuh dalam sekejap. Dia juga tahu betul tentang perintah dari pemimpin mereka, Yosua, agar tak seorang pun mengambil salah pun barag yang ada di kota Yerikho, karena semua itu akan dipersembahkan kepada Allah.

Tapi saat dia melihat benda-benda yang ada di kota Yerikho, ia kehilangan akal sehatnya karena keserakahan. Setelah menjalani kehidupan yang kering untuk waktu yang lama di padang gurun, hal-hal di kota tampak begitu indah baginya. Saat ia melihat mantel indah dan potongan-potongan emas dan perak, ia lupa akan Firman Allah dan perintah Yosua lalu menyembunyikan mereka untuk dirinya sendiri.

Karena dosa Akhan dengan melanggar perintah Allah, Israel terus mengalami banyak korban dalam pertempuran berikutnya. Melalui kerugian itulah kejahatan Akhan terungkap, dan dia serta keluarganya dilempari batu sampai mati. Batu-batu itu menjadi tumpukan dan tempat ini disebut Lembah Akhor.

Juga, lihatlah Bilangan pasal 22-24. Bileam adalah seorang pria yang bisa berkomunikasi dengan Allah. Suatu hari, Balak, raja Moab memintanya untuk mengutuk orang-orang Israel. Lalu berfirmanlah Allah kepada Bileam: *"Janganlah engkau pergi bersama-sama dengan mereka, janganlah engkau mengutuk bangsa itu, sebab mereka telah diberkati"* (Bilangan 22:12).

Setelah mendengar Firman Allah itu Bileam menolak untuk menjawab permintaan raja Moab. Tetapi ketika raja Ahab mengirim kepadanya emas dan perak dan banyak harta, pikirannya terguncang. Pada akhirnya, matanya dibutakan oleh harta, dan dia mengajarkan raja untuk menyiapkan sebuah jebakan di depan orang-orang Israel. Apa hasilnya? Bangsa Israel memakan makanan yang dikorbankan kepada berhala dan melakukan perzinahan, sehingga membawa mereka pada masa kesengsaraan besar, dan Bileam akhirnya dibunuh oleh pedang. Itu adalah hasil dari mengasihi keuntungan lalim.

Kejahatan secara langsung berhubungan dengan keselamatan di hadapan Allah. Jika kita melihat saudara dan saudari seiman berbuat jahat seperti orang-orang tidak percaya di dunia, apa yang harus kita lakukan? Tentu saja kita harus berkabung bagi mereka, berdoa untuk mereka, dan membantu mereka untuk hidup sesuai dengan Firman. Tapi sebagian yang percaya iri kepada mereka dengan berpikir, 'Aku juga ingin menjalani kehidupan Kristen yang lebih mudah dan lebih nyaman seperti mereka.' Selain itu, jika Anda ikut serta dengan mereka, kita tidak bisa mengatakan Anda mengasihi Tuhan.

Yesus, yang tidak berdosa, telah mati untuk membawa kita, yang jahat, kepada Allah (1 Petrus 3:18). Karena kita menyadari kasih Tuhan yang besar, kita tidak boleh bersukacita dalam ketidakbenaran. Orang yang tidak bersukacita dengan kejahatan tidak hanya menghindari melakukan kelaliman, tetapi mereka aktif hidup oleh Firman Allah. Kemudian, mereka dapat menjadi sahabat Tuhan dan menjalani hidup yang makmur (Yohanes 15:14).

11. Kasih Bersukacita Karena Kebeneran

Yohanes, salah satu dari kedua belas murid Yesus, diselamatkan dari menjadi martir dan hidup sampai ia meninggal pada usia tua menyebarkan Injil Yesus Kristus dan kehendak Allah bagi banyak orang. Salah satu dari berbagai hal yang ia nikmati di tahun-tahun terakhirnya adalah mendengar bahwa orang-orang percaya berusaha untuk hidup dalam Firman Allah, kebenaran.

Ia berkata, *"Sebab aku sangat bersukacita, ketika beberapa saudara datang dan memberi kesaksian tentang hidupmu dalam kebenaran, sebab memang engkau hidup dalam kebenaran. Bagiku tidak ada sukacita yang lebih besar dari pada mendengar, bahwa anak-anakku hidup dalam kebenaran"* (3 Yohanes 1:3-4).

Kita dapat melihat berapa banyak sukacita yang ia peroleh dari ungkapannya, 'Aku sangat bersukacita'. Ia dulu gampang marah dan bahkan pernah dipanggil anak petir ketika dia masih muda, tetapi setelah ia berubah, ia disebut Rasul kasih.

Jika kita mengasihi Allah, kita tidak akan melakukan kelaliman, dan selanjutnya, kita akan melakukan kebenaran. Kita juga akan bersukacita dalam kebenaran. Kebenaran ini merujuk kepada Yesus Kristus, kepada Injil dan semua 66 kitab dalam Alkitab. Mereka yang mengasihi Allah dan dikasihi oleh-Nya pasti akan bersukacita dengan Yesus Kristus dan Injil. Mereka bersukacita apabila kerajaan Allah semakin besar. Sekarang, apa artinya bersukacita dalam kebenaran?

Pertama, itu adalah untuk bersukacita dengan 'Injil'.

'Injil' adalah kabar baik bahwa kita diselamatkan melalui Yesus Kristus dan dapat masuk ke kerajaan surgawi. Banyak orang yang mencari kebenaran mengajukan pertanyaan seperti, 'Apakah tujuan hidup? Apakah hidup yang berharga itu?' Untuk mendapatkan jawaban atas pertanyaan-pertanyaan ini, mereka belajar ide-ide dan filosofi, atau mereka berusaha untuk mendapatkan jawaban melalui berbagai agama. Tetapi kebenaran adalah Yesus Kristus, dan tak seorang pun bisa masuk surga tanpa Yesus Kristus. Itulah sebabnya mengapa Yesus berkata, *"Akulah jalan dan kebenaran dan hidup. Tidak ada seorangpun yang datang kepada Bapa, kalau tidak melalui Aku"* (Yohanes 14:6).

Kita menerima keselamatan dan memperoleh kehidupan kekal dengan menerima Yesus Kristus. Kita diampuni dari dosa-dosa kita melalui darah Tuhan dan kita akan dipindahkan dari neraka ke surga. Kita sekarang mengerti arti kehidupan dan hidup yang berharga. Oleh karena itu, merupakan sesuatu yang begitu wajar ketika kita bersukacita dengan Injil. Orang yang bersukacita dengan Injil akan tekun menyampaikannya kepada orang lain juga. Mereka akan memenuhi tugas yang diberikan Allah dan bekerja dengan setia untuk memberitakan Injil. Juga, mereka bersukacita ketika jiwa-jiwa mendengar Injil dan menerima keselamatan dengan menerima Tuhan. Mereka bersukacita apabila kerajaan dari Allah semakin besar. *"[Allah] menghendaki supaya semua orang diselamatkan dan memperoleh pengetahuan akan kebenaran"* (1 Timotius 2:4).

Namun, ada yang sebagian orang percaya yang cemburu kepada orang lain ketika mereka menginjili banyak orang dan berbuah besar. Beberapa gereja cemburu kepada gereja lain apabila gereja lain tumbuh serta memberikan kemuliaan bagi Allah. Ini bukanlah bersukacita dalam kebenaran. Jika kita memiliki kasih rohani dalam hati kita, kita akan bersukacita ketika kita melihat kerajaan Allah dicapai dengan sangat baik. Kita akan bersukacita bersama-sama ketika kita melihat sebuah gereja tumbuh dan dikasihi oleh Allah. Inilah bersukacita dalam kebenaran, yaitu bersukacita dengan Injil.

Kedua, bersukacita dalam kebenaran berarti bersukacita dengan segala sesuatu yang merupakan milik kebenaran.

Ini adalah bersukacita dengan melihat, mendengar, dan melakukan hal-hal yang milik kebenaran, kebaikan, kasih, serta keadilan. Orang yang bersukacita dalam kebenaran tersentuh dan meneteskan air mata saat mendengar tentang perbuatan baik walaupun hanya sedikit. Mereka mengakui bahwa Firman Allah adalah kebenaran dan lebih manis daripada madu dari sarang lebah. Jadi, mereka bersukacita mendengarkan khotbah-khotbah dan membaca Alkitab. Selain itu, mereka bersukacita saat melakukan Firman Allah. Mereka dengan penuh kegembiraan mematuhi Firman Allah yang memberitahu kita untuk 'melayani, memahami, dan mengampuni' bahkan orang-orang yang membuat mereka menderita.

Daud mengasihi Allah dan dia ingin membangun Bait Allah. Tetapi Allah tidak membiarkan dia. Alasannya ditulis dalam 1 Tawarikh 28:3. *"Engkau tidak akan mendirikan rumah bagi nama-Ku, sebab engkau ini seorang prajurit dan telah menumpahkan darah."* Tidak terelakkan bagi Daud untuk menumpahkan darah karena dia maju bertempur dalam banyak perang, namun di mata Allah Daud tidak dianggap tepat untuk melakukan tugas itu. Daud tidak bisa membangun Bait Suci sendiri tetapi ia mempersiapkan semua bahan konstruksi sehingga anaknya Salomo bisa membangun itu. Daud mempersiapkan bahan-bahannya dengan seluruh kekuatannya, dan hanya melakukan itu sudah membuatnya sangat bahagia.

"Bangsa itu bersukacita karena kerelaan mereka masing-masing, sebab dengan tulus hati mereka memberikan persembahan sukarela kepada TUHAN; juga raja Daud sangat bersukacita" (1 Tawarikh 29:9).

Demikian pula, orang yang bersukacita dalam kebenaran akan bersukacita ketika orang lain makmur. Mereka tidak cemburu. Sungguh tak terbayangkan bagi mereka untuk memikirkan hal-hal yang jahat seperti, 'harus pergi hal buruk pada orang itu', atau untuk menemukan kepuasan karena ketidakbahagiaan orang lain. Ketika mereka melihat sesuatu yang lalim terjadi, mereka akan berkabung karenanya. Juga, orang yang bersukacita dalam kebenaran mampu mengasihi dengan kebaikan, dengan hati yang tidak berubah, dan dengan kejujuran serta integritas. Mereka bersukacita dengan perkataan dan perbuatan baik. Allah juga bersukacita atas mereka dengan seruan sukacita sebagai dinyatakan dalam Zefanya 3:17, *"TUHAN Allahmu ada di antaramu sebagai pahlawan yang memberi kemenangan. Ia bergirang karena engkau dengan sukacita, Ia membaharui engkau dalam kasih-Nya, Ia bersorak-sorak karena engkau dengan sorak-sorai."*

Bahkan jika Anda tidak bisa bersukacita dalam kebenaran sepanjang waktu, Anda tidak perlu berkecil hati atau akan kecewa. Jika Anda mencoba yang terbaik, kasih Allah akan menganggap bahkan upaya itu sebagai 'bersukacita dalam kebenaran'.

Ketiga, bersukacita dalam kebenaran adalah dengan percaya kepada Firman Allah dan mencoba untuk melakukannya.

Jarang kita bisa menemukan orang yang bisa bersukacita dengan hanya kebenaran dari permulaan. Selama kita memiliki kegelapan dan ketidakbenaran di dalam kita, mungkin akan memikirkan hal-hal jahat atau kita mugkin bersukacita dengan kelaliman. Tetapi ketika kita mengubah sedikit demi sedikit dan membuang semua hati yang lalim, kemudian kita akan dapat bersukacita dalam kebenaran sepenuhnya. Sampai saat itu tiba, kita harus berusaha keras. Misalnya, tidak semua orang merasa senang untuk menghadiri kebaktian.

Dalam kasus orang percaya baru atau mereka yang memiliki iman yang lemah, mereka mungkin merasa lelah, atau hati mereka mungkin di tempat lain. Mereka mungkin bertanya-tanya tentang hasil dari pertandingan bisbol atau mungkin mereka gugup tentang pertemuan bisnis yang akan mereka hadiri besok. Tapi perbuatan datang ke tempat kudus dan menghadiri kebaktian penyembahan adalah upaya untuk mencoba menaati Firman Allah. Ini adalah bersukacita dalam kebenaran.

Mengapa kita mencoba dengan cara ini? Untuk menerima keselamatan dan masuk ke surga. Karena kita mendengar Firman kebenaran dan kita percaya kepada Allah, kita juga percaya bahwa ada penghakiman, serta bahwa ada surga dan neraka. Kita tahu bahwa ada berbagai upah di surga, kita mencoba lebih tekun untuk menjadi dikuduskan dan bekerja dengan setia di semua rumah Allah. Meskipun kita tidak bisa bersukacita dengan kebenaran 100%, jika kita mencoba yang terbaik dalam kapasitas iman kita, itu adalah bersukacita dalam kebenaran.

Lapar dan Haus Akan Kebenaran

Itu harus menjadi sangat alami bagi kita untuk bersukacita dalam kebenaran. Hanya kebenaran yang memberi kita kehidupan kekal dan bisa mengubah kita sepenuhnya. Jika kita mendengar kebenaran, yaitu Injil, dan melakukannya, kita akan memperoleh kehidupan kekal, dan kita akan menjadi anak-anak Allah sejati. Karena kita dipenuhi dengan pengharapan akan kerajaan surgawi dan kasih rohani, wajah kita akan bersinar dengan sukacita. Juga, sejauh mana kita diubah ke dalam kebenaran, kita akan senang karena kita dikasihi dan diberkati oleh Allah, dan juga kita dikasihi oleh banyak orang.

Kita harus bersukacita dalam kebenaran sepanjang waktu, dan selain itu, kita harus memiliki rasa lapar dan haus akan kebenaran. Jika Anda lapar dan haus, Anda akan sungguh-sungguh menginginkan makanan dan minuman. Ketika kita merindukan kebenaran, kita harus mencarinya dengan sungguh-sungguh sehingga kita dapat dengan cepat berubah menjadi manusia kebenaran. Kita harus menjalani kehidupan yang selalu makan dan minum kebenaran. Apakah makan dan minum kebenaran itu? Ini adalah memelihara Firman Allah, kebenaran itu, dalam hati kita dan melakukannya.

Jika kita sangat sering berdiri di hadapan orang yang kita kasihi, sungguh sulit untuk menyembunyikan kebahagiaan di wajah kita. Sama halnya ketika kita mengasihi Allah. Saat ini, kita tidak mampu berdiri di hadapan Allah berhadapan muka, tetapi jika kita benar-benar mengasihi Allah, hal itu akan kelihatan di luar. Sehingga, jika kita hanya melihat dan mendengar sesuatu tentang kebenaran, kita akan senang dan bahagia. Wajah-wajah bahagia kita tidak akan dilewatkan oleh orang-orang di sekitar kita. Kita akan meneteskan air mata dengan ucapan syukur hanya dengan memikirkan tentang Allah dan Tuhan, dan hati kita akan tersentuh hanya dengan sedikit perbuatan kebaikan.

Air mata kebaikan, seperti air mata syukur dan air mata berkabung bagi jiwa-jiwa akan menjadi permata indah permata kemudian untuk menghias rumah masing-masing orang di Surga. Marilah kita bersukacita dalam kebenaran sehingga hidup kita akan dipenuh ibukti bahwa kita dikasihi oleh Allah.

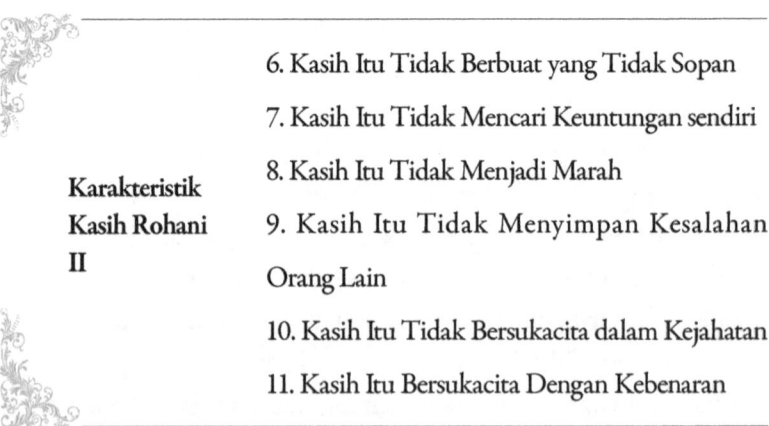

Karakteristik Kasih Rohani II

6. Kasih Itu Tidak Berbuat yang Tidak Sopan

7. Kasih Itu Tidak Mencari Keuntungan sendiri

8. Kasih Itu Tidak Menjadi Marah

9. Kasih Itu Tidak Menyimpan Kesalahan Orang Lain

10. Kasih Itu Tidak Bersukacita dalam Kejahatan

11. Kasih Itu Bersukacita Dengan Kebenaran

12. Kasih Itu Menutupi Segala Sesuatu

Saat kita menerima Yesus Kristus dan mencoba untuk hidup oleh Firman Allah, ada banyak hal yang mungkin harus kita tanggung. Kita harus bertahan dengan situasi yang membuat kita marah. Kita juga harus melatih pengendalian-diri atas kecenderungan kita mengikuti keinginan kita sendiri. Itulah sebabnya mengapa dalam menggambarkan karakteristik pertama kasih itu dikatakan harus sabar.

Menjadi adalah bergumul dengan diri sendiri yang dialami seseorang saat ia mencoba membuang kejahatan dari dalam hatinya. 'Menanggung segala sesuatu' memiliki makna yang lebih luas. Setelah kita menumbuhkan kebenaran dalam hati kita melalui kesabaran, kita harus berjuang menahan semua rasa sakit yang mungkin datang menimpa kita karena orang lain. Secara khusus, itu adalah untuk menanggung semua hal yang tidak sesuai dengan kasih rohani.

Yesus datang ke dunia ini untuk menyelamatkan orang berdosa, dan bagaimana manusia memperlakukan Dia? Hanya hal-hal baik yang dilakukan oleh Yesus, namun orang-orang mengejek, menelantarkan, dan mengabaikan Dia. Akhirnya mereka menyalibkan-Nya. Yesus namun masih menanggung semua ini dari semua orang dan Ia terus-menerus mempersembahkan doa syafaat bagi mereka. Dia berdoa untuk mereka dengan mengatakan, *"Ya Bapa, ampunilah mereka, sebab mereka tidak tahu apa yang mereka perbuat"* (Lukas 23:34).

Apa hasil dari Yesus menanggung semua hal dan mengasihi

orang-orang ini? Siapa saja yang menerima Yesus sebagai Juruselamat pribadinya sekarang bisa menerima keselamatan dan menjadi anak Allah. Kita telah dibebaskan dari kematian dan telah dipindahkan ke kehidupan kekal.

Sebuah pepatah Korea, "Menggiling kapak untuk membuat jarum." Ini berarti dengan kesabaran dan ketekunan kita dapat menyelesaikan segala jenis tugas yang sulit. Berapa banyak waktu dan usaha yang diperlukan dalam menggiling kapak baja untuk membuat satu jarum tajam? Itu jelas terlihat seperti tugas yang mustahil sehingga seseorang mungkin bertanya, "Kenapa tidak Anda jual saja kapak itu untuk membeli jarum?"

Tetapi Allah rela mengambil kerja keras seperti itu, karena Ia adalah tuan dari Roh kita. Allah lambat untuk marah dan selalu bertahan dengan kita menunjukkan belas kasihan dan kasih sayang hanya karena Ia mengasihi kita. Dia memotong dan memoles orang-orang meskipun hati mereka keras seperti baja. Dia menunggu bagi siapa saja untuk menjadi anak-anak-Nya yang sejati, walaupun orang itu sepertinya tidak memiliki kesempatan untuk menjadi anak Allah.

> *Buluh yang patah terkulai tidak akan diputuskan-Nya, dan sumbu yang pudar nyalanya tidak akan dipadamkan-Nya, sampai Ia menjadikan hukum itu menang* (Matius 12:20).

Bahkan sampai hari ini Allah menanggung semua rasa sakit karena dari melihat tindakan manusia dan menunggu untuk kita dengan sukacita. Dia telah bersabar dengan manusia, menunggu mereka untuk berubah oleh kebaikan bahkan meskipun mereka telah bertindak dalam kejahatan selama ribuan tahun. Meskipun mereka membalikkan punggung mereka dari Allah dan menyembah berhala, Allah menunjukkan kepada mereka bahwa Ia adalah Allah yang benar dan bertahan dengan mereka dengan iman. Jika Allah berkata, "Kamu penuh kejahatan dan kamu tidak ada harapan lagi. Aku tidak mau bersabar lagi atas kamu", maka, berapa banyak orang akan diselamatkan?

Hanya seperti yang dinyatakan dalam Yeremia 31:3, *"Dari jauh TUHAN menampakkan diri kepadanya: Aku mengasihi engkau dengan kasih yang kekal, sebab itu Aku melanjutkan kasih setia-Ku kepadamu,"* Allah memimpin kita dengan kasih abadi, tak ada habisnya.

Setelah melakukan pelayanan saya sebagai seorang pendeta dari sebuah gereja besar, saya jadi mampu memahami kesabaran Allah ini sampai batas tertentu. Telah ada orang-orang yang memiliki banyak kesalahan atau kekurangan, tapi karena merasakan hati Allah saya selalu memandang mereka dengan mata iman bahwa suatu hari nanti mereka akan berubah dan memberikan kemuliaan bagi Allah. Karena yang saya telah bersabar dengan mereka berulang kali dan dengan iman dalam mereka, banyak anggota Gereja tumbuh sebagai pemimpin yang baik.

Setiap kali saya dengan cepat lupa tentang waktu saat saya harus bersabar atas mereka, dan saya merasakan itu hanya sejenak. Dalam 2 Petrus 3:8 tertulis, *"Akan tetapi, saudara-saudaraku yang kekasih, yang satu ini tidak boleh kamu lupakan, yaitu, bahwa di hadapan Tuhan satu hari sama seperti seribu tahun dan seribu tahun sama seperti satu hari,"* dan saya bisa memahami apa maksud dari ayat ini. Allah menanggung semua hal untuk waktu yang sangat lama namun Ia menganggap itu hanya seperti sekilas saja. Mari kita mewujudkan kasih Allah ini dan dengan itu mari kita mengasihi semua orang di sekitar kita.

13. Kasih Itu Percaya Segala Sesuatu

Jika Anda benar-benar mengasihi seseorang, Anda akan percaya semuanya pada orang itu. Bahkan jika orang lain itu memiliki beberapa kekurangan, Anda masih akan mencoba untuk mempercayai orang itu. Suami dan istri terikat bersama oleh kasih. Jika pasangan yang menikah tidak memiliki kasih, artinya mereka tidak mempercayai satu sama lain, sehingga mereka bertengkar atas segala sesuatu dan mereka memiliki keraguan tentang segala hal yang berkenaan dengan pasangan mereka. Dalam kasus-kasus serius, mereka memiliki delusi perselingkuhan dan menyebabkan satu sama lain merasakan sakit fisik dan mental. Jika mereka benar-benar mengasihi satu sama lain mereka saling percaya sepenuhnya, dan mereka akan percaya bahwa pasangan mereka adalah orang yang baik dan akan akhirnya pasti baik-baik saja. Kemudian, ketika mereka percaya, pasangan mereka menjadi sangat baik di bidangnya atau berhasil dalam apa yang mereka lakukan.

Kepercayaan dan iman dapat menjadi standar untuk mengukur kekuatan kasih. Oleh karena itu, untuk percaya kepada Allah sepenuhnya adalah dengan benar-benar mengasihinya. Abraham, bapa orang beriman, disebut sebagai sahabat Allah. Tanpa ragu Abraham menaati perintah Allah yang menyuruhnya untuk mempersembahkan anak tunggalnya Ishak. Dia mampu melakukannya karena ia percaya kepada bahwa Allah sepenuhnya. Allah melihat iman Abraham dan mengakui kasihnya.

Kasih adalah untuk percaya. Orang-orang yang benar-benar mengasihi Allah juga akan percaya sepenuhnya. Mereka percaya semua firman Allah 100%. Dan karena mereka percaya segala sesuatu, mereka menanggung segala sesuatu. Untuk menanggung semua hal yang melawan kasih, kita harus percaya. Yakni, hanya ketika kita percaya semua firman Allah, barulah kita dapat mengharap segala sesuatu dan menyunat hati kita untuk membuang segala hal yang bertentangan dengan kasih.

Tentu saja, dalam arti lain yang lebih ketat, bukan karena kita percaya Allah maka kita mengasihinya dari awal. Allah lebih dahulu mengasihi kita, dan dengan percaya fakta itu, kita jadi mengasihi Allah. Bagaimana Allah mengasihi kita? Dia tidak menyayangkan untuk memberikan Anak Tunggal-Nya bagi kita, yang merupakan orang berdosa, untuk membuka jalan bagi keselamatan kita.

Pada awalnya, kita jadi mengasihi Allah dengan percaya fakta ini, tetapi jika kita memupuk kasih rohani sepenuhnya, kita akan mencapai tingkat dimana kita percaya sepenuhnya karena kita mengasihi. Memupuk kasih rohani sepenuhnya berarti kita sudah menyingkirkan semua kejahatan di hati kita. Jika kita tidak memiliki kebohongan di dalam hati kita, kita akan diberikan iman rohani dari atas, yang dengannya kita bisa percaya dari kedalaman hati kita. Kemudian, kita tidak akan pernah meragukan Firman Allah, dan kepercayaan kita kepada Allah tidak pernah dapat terguncang. Juga, jika kita memupuk kasih rohani sepenuhnya, kita akan percaya kepada semua orang.

Itu bukan karena orang-orang dapat dipercaya, tetapi bahkan ketika mereka penuh dengan kesalahan dan memiliki banyak kelemahan, kita dapat melihat mereka dengan mata iman. Kita harus bersedia untuk percaya kepada segala jenis orang. Kita harus percaya kepada diri sendiri juga. Meskipun kita memiliki banyak kekurangan, kita harus percaya kepada Allah yang akan mengubah kita, dan kita harus memperhatikan diri kita dengan mata iman sehingga kita akan segera berubah. Roh Kudus selalu mengatakan kepada kita dalam hati kita, "Kamu bisa melakukannya. Aku akan membantumu." Jika Anda percaya kasih ini dan mengaku, "Saya bisa lakukan dengan baik, saya dapat berubah", maka Allah akan melakukan itu menurut pengakuan dan iman Anda. Betapa indahnya menjadi percaya!

Allah juga percaya kepada kita. Dia percaya bahwa kita masing-masing akan dapat mengenal kasih Allah dan pergi ke jalan keselamatan. Karena Dia melihat kita semua dengan mata iman dengan tidak menyayangkannya Ia mengorbankan Anak-Nya yang tunggal, Yesus, di kayu salib. Allah percaya bahwa bahkan orang-orang yang belum mengenal atau percaya kepada Tuhan akan diselamatkan dan datang ke sisi Allah. Ia percaya bahwa orang-orang yang sudah menerima Tuhan akan berubah menjadi seperti anak-anak yang sangat menyerupai Allah. Mari kita percaya segala jenis orang dengan kasih Allah.

14. Kasih Itu Mengharapkan Segala Sesuatu

Dikatakan bahwa kata-kata berikut ditulis pada salah satu batu nisan di Westminster Abbey di Inggris, "Saat masih muda, aku ingin mengubah dunia tapi tidak bisa. Di usia pertengahan aku mencoba mengubah keluargaku tapi tidak bisa. Hanya menjelang kematian baru aku menyadari bahwa aku mungkin dapat mengubah semua itu kalau saja aku telah berubah."

Biasanya, orang mencoba untuk mengubah orang lain jika mereka tidak menyukai sesuatu tentang orang lain. Tapi hampir mustahil untuk mengubah orang lain. Beberapa pasangan menikah bertengkar atas hal-hal sepele seperti meremas pasta gigi dari atas atau dari bawah. Kita harus lebih dulu mengubah diri kita sebelum kita mencoba untuk mengubah orang lain. Dan kemudian dengan kasih bagi mereka, kita dapat menunggu orang lain untuk berubah, dengan tulus berharap mereka akan berubah.

Mengharap segala sesuatu artinya adalah merindukan dan menunggu agar segala sesuatu yang Anda percayai akan menjadi kenyataan. Yaitu, jika kita mengasihi Allah, kita akan percaya setiap Firman Allah dan berharap bahwa segala sesuatu akan dilakukan sesuai dengan Firman-Nya. Anda mengharapkan hari-hari ketika Anda akan berbagi kasih dengan Allah Bapa selamanya di dalam Kerajaan surgawi yang indah. Itulah sebabnya Anda menanggung segala sesuatu untuk menjalankan perlombaan iman Anda. Namun, bagaimana jika ada tidak ada harapan?

Mereka yang tidak percaya kepada Allah tidak bisa berharap akan kerajaan surgawi. Itulah sebabnya mengapa mereka hanya hidup sesuai dengan keinginan mereka, karena mereka tidak memiliki harapan untuk masa depan. Mereka mencoba untuk mendapatkan lebih banyak hal dan bergumul untuk memenuhi keserakahan mereka. Tetapi tidak peduli seberapa banyak mereka memiliki dan menikmati, mereka tidak bisa mendapatkan kepuasan sejati. Mereka menjalani hidup mereka dengan rasa takut akan masa depan.

Di sisi lain, orang-orang yang percaya kepada Allah mengharapkan segala sesuatu, sehingga mereka mengambil jalan yang sempit. Mengapa kita mengatakan itu adalah jalan yang sempit? Ini berarti sempit di mata orang-orang yang tidak percaya kepada Allah. Saat kita menerima Yesus Kristus dan menjadi anak-anak Allah, kita tinggal di gereja sepanjang hari pada hari Minggu menghadiri ibadah, tanpa melakukan segala bentuk kesenangan sekuler. Kita bekerja untuk Kerajaan Allah dengan berbagai pekerjaan sukarela dan berdoa untuk hidup oleh Firman Allah. Hal-hal demikian sulit dilakukan tanpa iman, dan itulah sebabnya mengapa kita mengatakan itu adalah jalan yang sempit.

Dalam 1 Korintus 15:19 Rasul Paulus mengatakan, "*Jikalau kita hanya dalam hidup ini saja menaruh pengharapan pada Kristus, maka kita adalah orang-orang yang paling malang dari segala manusia.*" Hanya dalam pandangan kedagingan, hidup dengan bersabar dan kerja keras terlihat berat. Tapi jika kita mengharap segala sesuatu, jalan ini adalah jalan yang lebih membahagiakan daripada jalan lain. Jika kita bersama orang-orang yang sangat kita kasihi, kita akan bahagia bahkan tinggal di sebuah rumah yang kumuh. Dan memikirkan fakta bahwa kita akan hidup dengan Tuhan terkasih selamanya di surga, betapa bahagianya kita! Kita sangat senang dan bahagia hanya dengan memikirkan itu. Dengan cara ini, dengan kasih sejati kita tidak berubah menunggu dan berharap sampai semuanya yang kita percayai menjadi kenyataan. Menantikan segala sesuatu dengan iman dampaknya sangat kuat.

Misalkan, salah seorang dari anak-anak Anda akan tersesat dan tidak belajar sama sekali. Bahkan anak ini, jika Anda percaya kepada dia dan mengatakan dia bisa melakukannya, serta memandangnya dengan mata pengharapan bahwa ia akan berubah, ia dapat berubah menjadi anak yang baik setiap saat. Iman orang tua kepada anak-anak akan merangsang perbaikan dan rasa percaya diri anak-anak. Anak-anak yang memiliki kepercayaan diri memiliki iman bahwa bisa mereka lakukan apa saja; mereka akan dapat mengatasi kesulitan, dan sikap demikian benar-benar mempengaruhi performa akademis mereka.

Sama halnya ketika kita merawat jiwa-jiwa di dalam gereja. Dalam setiap kasus, kita tidak boleh membuat kesimpulan tentang setiap orang. Kita tidak perlu berkecil hati dengan berpikir, 'Kelihatannya sangat sulit bagi orang ini untuk berubah' atau 'dia masih sama saja'. Kita harus melihat setiap orang dengan pandangan pengharapan bahwa mereka akan segera berubah dan diluluhkan oleh kasih Allah. Kita harus terus berdoa bagi mereka dan mendorong mereka dengan berkata dan percaya, "Kamu bisa melakukannya!"

15. Kasih Menanggung Segala Sesuatu

1 Korintus 13:7 mengatakan, *"[Kasih] menutupi segala sesuatu, percaya segala sesuatu, mengharapkan segala sesuatu, sabar menanggung segala sesuatu."* Jika Anda mengasihi, Anda dapat sabar menanggung segala sesuatu. Kemudian, apa artinya 'sabar menanggung'? Ketika kita sabar menanggung semua hal yang tidak sesuai dengan kasih, akan ada beberapa dampak dari hal itu. Ketika ada angin di danau atau laut, akan ada gelombang. Bahkan setelah angin tenang, masih akan ada beberapa riak yang tersisa. Bahkan jika kita menanggung segala sesuatu, hal itu tidak akan berakhir ketika kita telah menanggung mereka. Akan ada beberapa akibat atau efek samping dari itu.

Misalnya, Yesus berkata dalam Matius 5:39, *"Tetapi Aku berkata kepadamu: Janganlah kamu melawan orang yang berbuat jahat kepadamu, melainkan siapapun yang menampar pipi kananmu, berilah juga kepadanya pipi kirimu."* Seperti dikatakan, bahkan jika seseorang menampar Anda di pipi kanan, Anda jangan melawan, melainkan hanya menerimanya. Kemudian, apakah hal itu berakhir? Akan ada efek samping dari itu. Anda akan merasakan sakit. Pipi Anda akan terluka, tapi rasa sakit yang ada di hati adalah rasa sakit yang lebih besar. Tentu saja, orang memiliki alasan yang berbeda untuk mengalami rasa sakit di hati. Beberapa orang memiliki rasa sakit di hati karena mereka pikir mereka ditampar tanpa alasan dan mereka marah karena itu. Tetapi orang lain mungkin memiliki rasa sakit di hatinya karena perasaan menyesal bahwa mereka membuat orang lain marah. Beberapa mungkin merasa menyesal melihat seorang saudara yang tidak dapat menahan amarahnya, tapi menyatakannya secara fisik alih-alih dalam cara yang lebih konstruktif dan tepat.

Akibat dari menanggung sesuatu juga dapat datang dengan cara keadaan dari luar. Misalnya, seseorang menampar Anda di pipi kanan. Jadi Anda juga memberikan pipi yang lain sesuai dengan Firman. Kemudian, dia menampar Anda pada pipi kiri juga. Anda menanggung hal itu karena mengikuti Firman, tetapi situasi meningkat dan tampaknya menjadi lebih parah dalam kenyataan.

Inilah yang terjadi dengan Daniel. Ia tidak berkompromi walaupun ia mengetahui bahwa ia akan dilemparkan ke gua singa. Karena ia mengasihi Allah, dia tidak pernah berhenti berdoa bahkan dalam situasi yang mengancam jiwa. Juga, dia tidak bertindak dengan kejahatan terhadap orang-orang yang mencoba membunuhnya. Jadi, apakah segalanya berubah menjadi lebih baik baginya karena ia menanggung segala sesuatu menurut Firman Allah? Tidak. Ia dilemparkan ke dalam gua singa!

Kita mungkin berpikir semua pencobaan akan akan hilang jika kita menanggung segala sesuatu yang tidak sesuai dengan kasih. Lalu, mengapa pencoban masih tetap mengikuti? Ini adalah pemeliharaan Allah untuk membuat kita sempurna dan memberi kita berkat-berkat yang luar biasa. Ladang akan menghasilkan panen yang sehat dan kuat dengan menanggung deraan hujan, angin, dan terik sinar matahari. Pemeliharaan Allah adalah sedemikian rupa sehingga kita akan keluar sebagai anak-anak sejati Allah melalui pencobaan.

Pencobaan adalah Berkat

Musuh kita Iblis dan setan mengganggu kehidupan anak-anak Allah ketika mereka mencoba untuk tinggal di dalam Terang. Iblis selalu berusaha untuk menemukan semua kemungkinan alasan untuk mendakwa manusia, dan jika kita menunjukkan sedikit noda, Iblis benar-benar akan mendakwa kita. Contohnya adalah ketika seseorang bertindak jahat kepada Anda dan Anda sabar menanggungnya di luar, tetapi Anda masih memiliki perasaan sakit hati di dalam. Iblis dan setan tahu hal ini dan membawa dakwaan terhadap Anda untuk perasaan sakit hati itu. Kemudian, Allah harus mengijinkan pencobaan menurut dakwaan itu. Sampai kita mengakui bahwa kita tidak memiliki kejahatan dalam hati kita, akan ada pencobaan yang disebut 'ujian pemurnian'. Tentu saja, bahkan setelah kita membuang segala dosa dan menjadi sepenuhnya dikuduskan, akan ada pencobaan. Jenis percobaan seperti ini diizinkan untuk memberikan kepada kita berkat-berkat yang lebih besar. Melalui ini, kita tidak hanya tinggal di tingkatan tidak memiliki kejahatan, tetapi kita akan menumbuhkan kasih yang lebih besar dan lebih banyak kebaikan sempurna karena tidak ada noda atau cacat apa pun.

Hal ini tidak hanya untuk berkat-berkat pribadi; prinsip yang sama berlaku ketika kita mencoba untuk mencapai Kerajaan Allah. Agar Allah dapat menunjukkan berbagai pekerjaan besar, ukuran skala keadilan harus dipenuhi. Dengan menunjukkan iman yang besar dan perbuatan kasih, kita harus membuktikan bahwa kita memiliki wadah untuk menerima jawaban, sehingga setan musuh tidak bisa mengajukan keberatan.

Jadi, kadang-kadang Allah mengijinkan ujian atas kita. Jika

kita bertahan dengan hanya kebaikan dan kasih, Allah membuat kita dapat memberikan kemuliaan kepada-Nya dengan kemenangan yang lebih besar dan Dia memberi kita upah yang lebih besar. Terutama, jika Anda mengatasi penganiayaan dan kesulitan yang Anda terima demi Tuhan, Anda pasti akan menerima berkat-berkat besar. *"Berbahagialah kamu, jika karena Aku kamu dicela dan dianiaya dan kepadamu difitnahkan segala yang jahat. Bersukacita dan bergembiralah, karena upahmu besar di surga, sebab demikian juga telah dianiaya nabi-nabi yang sebelum kamu"* (Matius 5:11-12).

Untuk Menutupi, Percaya, Mengharap, dan Sabar Menanggung Segala Sesuatu

Jika Anda percaya segala sesuatu dan megharap segala sesuatu, Anda dapat mengatasi segala jenis percobaan. Kemudian, bagaimana khususnya kita seharusnya percaya, mengharap, dan sabar menanggung segala sesuatu?

Pertama, kita harus percaya kasih Allah sampai akhir, bahkan selama ujian.

1 Petrus 1:7 mengatakan, *"...ialah untuk membuktikan kemurnian imanmu--yang jauh lebih tinggi nilainya dari pada emas yang fana, yang diuji kemurniannya dengan api-- sehingga kamu memperoleh puji-pujian dan kemuliaan dan kehormatan pada hari Yesus Kristus menyatakan diri-Nya."* Dia menyempurnakan kita sehingga kita akan memenuhi syarat untuk

dapat menikmati pujian dan kemuliaan serta kehormatan ketika hidup kita berakhir di bumi ini.

Juga, jika kita hidup sesuai dengan firman Allah yang benar-benar tidak berkompromi dengan dunia, kita mungkin mengalami beberapa kesempatan dimana kita menghadapi penderitaan yang tidak adil. Setiap kali itu terjadi, kita harus percaya bahwa kita menerima kasih khusus Allah. Kemudian, alih-alih berkecil hati, kita akan bersyukur karena Allah membawa kita ke tempat tinggal yang lebih baik di surga. Juga, kita harus percaya kepada kasih Allah, dan kita harus percaya sampai akhir. Mungkin akan ada beberapa rasa sakit dalam cobaan iman.

Jika rasa sakit itu berat dan berlangsung untuk waktu yang lama, kita mungkin berpikir, "Mengapa Allah tidak menolong aku? Apakah Dia tidak mengasihiku lagi?" Tapi dalam saat-saat ini, kita harus mengingat kasih Allah dengan lebih jelas dan menanggung pencobaan itu. Kita harus percaya bahwa Allah Bapa ingin untuk memimpin kita ke tempat kediaman surgawi yang lebih baik karena Ia mengasihi kita. Jika kita bertahan sampai akhir, kita akhirnya akan menjadi anak-anak Allah yang sempurna. *"Dan biarkanlah ketekunan itu memperoleh buah yang matang, supaya kamu menjadi sempurna dan utuh dan tak kekurangan suatu apa pun"* (Yakobus 1:4).

Kedua, untuk menanggung segala sesuatu kita harus percaya bahwa pencobaan itu adalah jalan pintas untuk memenuhi pengharapan kita.

Roma 5:3-4 mengatakan, *"Dan bukan hanya itu saja. Kita malah bermegah juga dalam kesengsaraan kita, karena kita tahu, bahwa kesengsaraan itu menimbulkan ketekunan, dan ketekunan menimbulkan tahan uji dan tahan uji menimbulkan pengharapan,"* Masa kesengsaraan di sini adalah seperti jalan pintas untuk mencapai harapan kita. Anda mungkin berpikir seperti, "Oh, kapan saya dapat berubah?" tetapi jika Anda bertahan dan terus berubah lagi dan lagi, kemudian sedikit demi sedikit Anda akan akhirnya menjadi anak Allah yang sempurna dan sungguh menyerupai Dia dan sempurna.

Karena itu, ketika pencobaan datang, Anda jangan menghindarinya melainkan cobalah untuk melewatinya dengan upaya terbaik Anda. Tentu saja, merupakan hukum alam dan keinginan alamiah bagi seorang manusia untuk mengambil jalan yang termudah. Tetapi jika kita mencoba untuk melarikan diri dari pencobaan, perjalanan kita hanya akan menjadi lebih lama. Sebagai contoh, ada orang yang terus-menerus dan dalam setiap hal tampaknya memberi Anda masalah. Anda tidak secara terbuka menunjukkan itu di luar, tetapi Anda memiliki rasa ketidaknyamanan setiap kali Anda bertemu orang. Jadi, Anda hanya ingin menghindarinya. Dalam situasi ini, Anda jangan hanya mencoba untuk mengabaikan situasi, tetapi Anda harus mengatasinya secara aktif. Anda harus bertahan dengan kesulitan yang Anda hadapi dengan dia, dan menumbuhkan hati untuk benar-benar memahami dan mengampuni orang itu. Barulah kemudian, Allah akan memberi Anda berkat dan Anda akan diubahkan. Demikian juga, setiap pencobaan akan menjadi batu loncatan dan jalan pintas pada cara Anda untuk memenuhi harapan Anda.

Ketiga, untuk menanggung segala sesuatu, kita harus

melakukan hanya yang baik.

Ketika dihadapkan pada efek samping, bahkan setelah menanggung segala sesuatu sesuai dengan Firman Allah, biasanya orang-orang mengeluh kepada Allah. Mereka mengeluh dengan berkata, "Mengapa keadaan tidak berubah bahkan setelah saya bertindak sesuai Firman?" Semua percobaan iman dibawa oleh musuh Iblis dan setan. Yaitu, dan ujian dan pencobaan adalah pertempuran antara kebaikan dan kejahatan.

Untuk memperoleh kemenangan dalam peperangan rohani ini, kita harus berjuang menurut aturan dunia rohani. Hukum di alam rohani adalah bahwa kebaikan akhirnya menang. Roma 12:21 berkata, *"Janganlah kamu kalah terhadap kejahatan, tetapi kalahkanlah kejahatan dengan kebaikan."* Jika kita bertindak dalam kebaikan dengan cara ini, mungkin kelihatannya kita menghadapi kekalahan dan kita kalah pada saat itu, tetapi pada kenyataannya, yang terjadi adalah sebaliknya. Ini karena Allah yang adil dan baik mengendalikan semua keberuntungan, kemalangan, serta kehidupan dan kematian manusia. Oleh karena itu, ketika kita dihadapkan pada ujian, pencobaan, dan penganiayaan, kita harus bertindak hanya dalam kebaikan.

Dalam beberapa kasus ada orang percaya yang menghadapi penganiayaan dari anggota keluarga mereka tidak percaya. Dalam kasus tersebut, orang percaya mungkin berpikir, "Mengapa suami saya begitu jahat? Mengapa istri saya begitu jahat?" Tapi kemudian, ujiannya akan bahkan menjadi lebih besar dan lebih lama. Apa kebaikannya dalam situasi seperti ini? Anda harus berdoa dengan kasih dan melayani mereka dalam Tuhan. Anda harus menjadi terang yang bersinar cerah bagi keluarga Anda.

Jika Anda melakukannya hanya yang baik terhadap mereka, maka Allah akan melakukan pekerjaan-Nya di waktu yang paling tepat. Dia akan mengusir musuh Iblis dan setan dan menggerakkan hati anggota keluarga Anda juga. Semua masalah akan dipecahkan ketika Anda bertindak dalam kebaikan sesuai dengan aturan Allah. Senjata paling kuat dalam peperangan rohani ini bukanlah dalam kuasa atau hikmat manusia melainkan kebaikan Allah. Oleh karena itu, mari kita bertahan dalam kebaikan saja dan melakukan hal-hal yang baik.

Apakah ada orang di sekitar Anda yang Anda pikir sangat sulit untuk Anda hadapi dan sulit untuk Anda bersabar terhadapnya? Beberapa orang membuat kesalahan sepanjang waktu, menyebabkan kerusakan dan memberikan kesulitan bagi orang lain. Sebagian banyak mengeluh dan bahkan menjadi kesal atas hal-hal kecil. Tetapi jika Anda menumbuhkan kasih sejati di dalam diri Anda, tak akan ada seorang pun yang dengannya Anda tidak bisa berlaku sabar. Hal ini karena Anda akan mengasihi orang lain seperti dirimu sendiri, sama seperti Yesus mengatakan kepada kita untuk mengasihi sesama manusia seperti diri sendiri (Matius 22:39).

Allah Bapa juga memahami kita dan bersabar dengan kita seperti ini. Sampai Anda memupuk kasih ini dalam Anda, Anda harus hidup seperti tiram mutiara. Ketika sebuah benda asing seperti pasir, rumput laut, atau partikel cangkangnya tersumbat masuk di antara cangkang dan tubuhnya, kerang mutiara mengubahnya menjadi mutiara yang berharga! Dengan cara ini, jika kita menumbuhkan kasih rohani, kita akan melewati pintu gerbang mutiara dan masuk ke Yerusalem Baru mana takhta Allah berada.

Bayangkan saja waktu ketika Anda akan melewati gerbang mutiara itu dan dapat teringat pada pada masa lalu Anda di bumi ini. Kita harus mampu mengaku kepada Allah Bapa, "Terima kasih karena menutupi, percaya, mengharap, dan sabar menanggung segala sesuatu untukku," karena Ia telah akan membentuk hati kita seindah mutiara.

Karakteristik Kasih Rohani III

12. Menutupi Segala Sesuatu

13. Percaya Segala Sesuatu

14. Mengharap Segala Sesuatu

15. Sabar Menanggung Segala Sesuatu

Kasih yang Sempurna

"Kasih tidak berkesudahan; nubuat akan berakhir; bahasa roh akan berhenti; pengetahuan akan lenyap. Sebab pengetahuan kita tidak lengkap dan nubuat kita tidak sempurna. Tetapi jika yang sempurna tiba, maka yang tidak sempurna itu akan lenyap. Ketika aku kanak-kanak, aku berkata-kata seperti kanak-kanak, aku merasa seperti kanak-kanak, aku berpikir seperti kanak-kanak. Sekarang sesudah aku menjadi dewasa, aku meninggalkan sifat kanak-kanak itu. Karena sekarang kita melihat dalam cermin suatu gambaran yang samar-samar, tetapi nanti kita akan melihat muka dengan muka. Sekarang aku hanya mengenal dengan tidak sempurna, tetapi nanti aku akan mengenal dengan sempurna, seperti aku sendiri dikenal. Demikianlah tinggal ketiga hal ini, yaitu iman, pengharapan dan kasih, dan yang paling besar di antaranya ialah kasih."

1 Korintus 13:8-13

Ketika Anda masuk ke surga, jika Anda dapat membawa satu hal bersama Anda, apa yang ingin Anda bawa? Emas? Berlian? Uang? Semua hal ini tidak ada artinya di Surga. Di surga, jalan yang Anda pijak adalah emas murni. Apa yang Allah Bapa telah siapkan di tempat kediaman surgawi adalah sangat indah dan berharga. Allah mengerti hati kita dan mempersiapkan hal-hal yang terbaik dengan semua usaha-Nya. Tapi ada satu hal yang dapat kita bawa dari dunia ini, dan ini akan sangat berharga di surga. Itu adalah kasih. Kasihlah yang ditanam dalam di hati kita saat kita hidup di dunia ini.

Kasih juga dibutuhkan di surga

Ketika penanaman manusia berakhir dan kita masuk ke kerajaan surgawi, semuanya yang ada di bumi ini akan menghilang (Wahyu 21:1). Mazmur 103:15 mengatakan, *"Adapun manusia, hari-harinya seperti rumput, seperti bunga di padang demikianlah ia berbunga."* Bahkan hal-hal berwujud seperti kekayaan, ketenaran, dan otoritas juga akan hilang. Dosa-dosa dan kegelapan seperti kebencian, pertengkaran, iri hati, dan cemburu akan hilang.

Tetapi 1 Korintus 13:8-10 berkata, *"Kasih tidak berkesudahan; nubuat akan berakhir; bahasa roh akan berhenti; pengetahuan akan lenyap. Sebab pengetahuan kita tidak lengkap dan nubuat kita tidak sempurna. Tetapi jika yang sempurna tiba, maka yang tidak sempurna itu akan lenyap."*

Karunia nubuatan, bahasa lidah, dan pengetahuan Allah adalah semua hal rohani, jadi mengapa mereka akan lenyap? Surga ada di alam rohani dan merupakan tempat yang sempurna. Di Surga, kita akan mengetahui segala sesuatu dengan jelas. Meskipun kita berkomunikasi dengan Allah dengan jelas dan bernubuat, ini sungguh berbeda dari memahami segala sesuatu dalam Kerajaan surgawi di masa depan. Kemudian, kita akan dengan jelas mengerti hati Allah Bapa dan Tuhan, sehingga nubuatan tidak akan diperlukan lagi. Sama halnya dengan bahasa lidah.

Di sini, 'bahasa lidah' mengacu pada bahasa-bahasa yang berbeda. Sekarang, kita memiliki banyak bahasa yang berbeda di dunia ini, sehingga untuk berbicara dengan orang lain yang berbicara bahasa yang berbeda, kita harus belajar bahasa mereka. Karena perbedaan budaya, kita perlu banyak waktu dan usaha untuk berbagi hati dan pikiran. Bahkan jika kita berbicara bahasa yang sama, kita tidak dapat memahami hati dan pikiran dan pikiran orang lain benar-benar. Bahkan jika kita berbicara dengan lancar dan rumit, tidaklah mudah untuk menyampaikan pikiran dan hati kita 100%. Karena kata-kata, kita mungkin memiliki kesalahpahaman dan pertengkaran. Ada juga banyak kesalahan dalam kata-kata.

Tetapi jika kita masuk ke Surga, kita tidak perlu khawatir akan hal-hal ini. Hanya ada satu bahasa di Surga. Jadi, Anda tidak perlu kuatir tidak memahami orang lain. Karena hati yang baik disampaikan sebagaimana adanya, tidak ada kesalahpahaman atau prasangka.

Sama halnya dengan pengetahuan. Di sini, 'pengetahuan' mengacu pada pengetahuan akan Firman Allah. Ketika kita hidup di dunia ini kita tekun belajar Firman Allah. Melalui semua 66 kita di Alkitab, kita belajar bagaimana kita bisa diselamatkan dan memperoleh hidup yang kekal. Kita belajar tentang kehendak Allah, tapi itu hanya satu bagian dari kehendak Allah, hanya tentang apa yang perlu kita lakukan untuk masuk ke surga.

Misalnya, kita mendengar dan mempelajari serta mempraktikkan firman seperti, 'Kasihilah satu sama lain,' 'Jangan iri hati, jangan cemburu,' dan seterusnya. Tetapi di surga, hanya ada kasih, dan dengan demikian, kita tidak membutuhkan pengetahuan ada semacam ini. Meskipun semua itu adalah hal-hal rohani, pada akhirnya bahkan nubuatan, bahasa yang berbeda, dan semua pengetahuan akan hilang juga. Karena semua itu dibutuhkan hanya sementara di dunia jasmani ini.

Karena itu, sangat penting untuk mengetahui Firman kebenaran dan untuk tahu tentang Surga, tetapi lebih penting untuk memupuk kasih. Sejauh mana kita menyunat hati kita dan memupuk kasih maka kita dapat pergi ke tempat tinggal surgawi yang lebih baik.

Kasih Berharga Selamanya

Ingat saja saat cinta pertama Anda. Betapa bahagianya perasaan Anda! Seperti yang kita katakan kita dibutakan oleh cinta, jika kita benar-benar mencintai seseorang, kita hanya melihat hal-hal yang baik dari orang itu dan segala sesuatu di dunia ini tampak indah. Sinar matahari tampak lebih bersinar dari sebelumnya, dan kita mungkin merasakan aroma wangi bahkan dari udara. Ada beberapa laporan laboratorium yang menyatakan bahwa bagian-bagian otak yang mengontrol pikiran negatif dan mengkritik menjadi kurang aktif bagi orang yang sedang jatuh cinta. Dengan cara yang sama, jika Anda dipenuhi dengan kasih Allah di dalam hatimu, Anda merasa begitu bahagia bahkan walaupun Anda tidak makan. Di Surga, sukacita semacam ini akan berlangsung selamanya.

Kehidupan kita di bumi ini adalah seperti kehidupan seorang anak dibandingkan dengan kehidupan yang akan kita miliki di surga. Seorang bayi yang baru saja mulai berbicara hanya dapat mengucapkan beberapa kata yang mudah seperti 'mama' dan 'papa'. Dia tidak bisa mengungkapkan banyak hal konkret secara rinci. Juga, anak-anak tidak bisa memahami hal-hal yang kompleks di dunia orang dewasa. Anak-anak berbicara, memahami, dan berpikir dalam pengetahuan dan kemampuan mereka sebagai anak-anak. Mereka tidak memiliki konsep yang tepat tentang nilai uang, jadi jika mereka diberikan koin dan uang kertas, mereka secara alami akan mengambil koin. Hal ini karena mereka tahu koin bernilai sesuatu karena mereka telah menggunakan koin untuk membeli permen atau es loli, tetapi mereka tidak tahu nilai uang kertas.

Hal ini mirip dengan pemahaman kita tentang surga saat kita hidup di dunia ini. Kita tahu surga adalah tempat yang indah, tetapi sulit untuk mengungkapkan betapa indahnya surga itu sebenarnya. Di Kerajaan surgawi, tidak ada batas, jadi keindahan dapat dinyatakan sepenuhnya. Ketika kita masuk ke surga, kita juga akan mampu memahami dunia rohani tanpa batas dan misterius, dan prinsip-prinsip yang mengatur semuanya. Ini dinyatakan dalam 1 Korintus 13:11, *"Ketika aku kanak-kanak, aku berkata-kata seperti kanak-kanak, aku merasa seperti kanak-kanak, aku berpikir seperti kanak-kanak. Sekarang sesudah aku menjadi dewasa, aku meninggalkan sifat kanak-*

kanak itu."

Di kerajaan surgawi, tidak ada kegelapan, atau kekhawatiran atau kecemasan. Hanya ada kebaikan dan kasih. Jadi, kita dapat mengungkapkan kasih kita dan saling melayani satu sama lain sebanyak yang kita inginkan. Dengan cara ini, dunia fisik dan rohani benar-benar berbeda. Tentu saja, bahkan di dunia ini, ada perbedaan besar dalam pemahaman dan pemikiran masyarakat menurut ukuran iman masing-masing.

Dalam 1 Yohanes pasal 2, setiap tingkatan iman diumpamakan seperti anak kecil, anak-anak, pemuda, dan bapa. Bagi orang yang berada di tingkat iman anak kecil atau anak-anak, mereka adalah seperti anak-anak dalam Roh. Mereka benar-benar tidak mengerti hal-hal rohani yang mendalam. Mereka memiliki sedikit kekuatan untuk melakukan Firman. Tetapi ketika mereka menjadi orang-orang muda dan bapa, perkataan, pemikiran, dan tindakan mereka menjadi berbeda. Mereka memiliki lebih banyak kemampuan untuk melakukan Firman Allah, dan mereka dapat memenangkan pertempuran melawan kuasa kegelapan. Tetapi meskipun kita mencapai iman bapa di bumi ini, kita dapat mengatakan bahwa kita masih seperti anak-anak dibandingkan dengan waktu ketika kita akan masuk ke dalam kerajaan surgawi.

Kita Akan Merasakan Kasih yang Sempurna di Dalammya

Masa kanak-kanak adalah waktu persiapan untuk menjadi dewasa, dan demikian juga, kehidupan di bumi ini adalah waktu persiapan untuk kehidupan kekal. Dan, dunia ini adalah seperti bayangan dibandingkan kerajaan surga kekal, dan itu berlalu dengan sangat cepat. Bayangan bukanlah makhluk sebenarnya. Dengan kata lain, ini tidak nyata. Ini hanyalah sebuah gambar yang mirip dengan yang asli.

Raja Daud diberkati TUHAN di hadapan semua majelis, dan berkata, *"Sebab kami adalah orang asing di hadapan-Mu dan orang pendatang sama seperti semua nenek moyang kami; sebagai bayang-bayang hari-hari kami di atas bumi dan tidak ada harapan"* (1 Tawarikh 29:15).

Ketika kita melihat bayangan sesuatu, kita bisa mengerti garis besar umum dari sebuah benda. Dunia jasmani ini adalah juga seperti bayangan yang memberi kita gambaran singkat tentang dunia kekal. Ketika bayangan, yang merupakan kehidupan di bumi ini, berlalu, maka entitas yang sebenarnya akan dinyatakan dengan jelas. Sekarang, kita tahu tentang alam rohani hanya samar-samar dan redup, seolah-olah kita melihat ke dalam cermin. Tapi ketika kita masuk ke kerajaan surgawi, kita akan memahami dengan jelas seperti ketika kita bertemu muka.

1 Korintus 13:12 berkata, *"Karena sekarang kita melihat dalam cermin suatu gambaran yang samar-samar, tetapi nanti kita akan melihat muka dengan muka. Sekarang aku hanya mengenal dengan tidak sempurna, tetapi nanti aku akan mengenal dengan sempurna, seperti aku sendiri dikenal."* Paulus menulis Pasal Kasih ini sekitar 2.000 tahun yang lalu. Cermin pada waktu itu tidak sejelas seperti cermin masa kini. Cermin saat itu tidak dibuat dengan kaca. Mereka dibuat dari perak, perunggu atau baja yang dipoles logam untuk memantulkan cahaya. Itulah sebabnya cermin redup. Tentu saja,

beberapa orang melihat dan merasakan dalam Kerajaan Surga dengan lebih jelas karena mata rohani mereka dibuka. Namun, kita dapat merasakan keindahan dan kebahagiaan dari Surga walau hanya redup.

Saat kita masuk kerajaan surga kekal nantinya, kita akan dengan jelas melihat setiap detail dari kerajaan dan merasakannya langsung. Kita akan belajar tentang kebesaran, keagungan, dan keindahan Allah yang melampaui kata-kata.

Kasih Adalah yang Terbesar dari Antara Iman, Pengharapan, dan Kasih

Iman dan pengharapan sangat penting bagi kita agar iman kita dapat meningkat. Kita bisa diselamatkan dan masuk surga hanya kalau kita memiliki iman. Kita bisa menjadi anak-anak Allah hanya dengan iman. Karena kita dapat memperoleh keselamatan, kehidupan kekal, dan Kerajaan Surga hanya dengan iman, maka iman sangat berharga. Dan harta dari semua harta adalah iman; iman adalah kunci untuk menerima jawaban atas doa-doa kita.

Bagaimana pengharapan? Pengharapan juga berharga; kita mendapatkan tinggal tempat di surga yang lebih baik dengan memiliki pengharapan. Jadi, jika kita memiliki iman, kita secara alami akan memiliki pengharapan. Jika kita pasti percaya kepada Allah dan Surga dan Neraka, kita akan mempunyai pengharapan akan Surga. Juga, jika kita memiliki pengharapan, kita mencoba untuk menjadi dikuduskan dan bekerja dengan setia bagi kerajaan Allah. Iman dan pengharapan adalah keharusan bagi kita sampai kita mencapai kerajaan surgawi. Tapi 1 Korintus 13:12

mengatakan kasih adalah yang terbesar, dan mengapa?

Pertama, iman dan pengharapan adalah apa yang kita perlukan hanya selama kita hidup di dunia ini, dan hanya kasih rohani yang tetap di dalam kerajaan surga.

Di surga, kita tidak harus percaya segala sesuatu tanpa melihat atau mengharap apa pun karena segala sesuatu akan ada di depan mata kita. Misalnya Anda memiliki seseorang yang sangat Anda kasihi sangat banyak, dan Anda tidak bertemu dia selama seminggu, atau selanjutnya, selama sepuluh tahun. Kita akan memiliki emosi yang lebih mendalam dan lebih besar ketika kita bertemu dengannya lagi dalam sepuluh tahun. Dan saat bertemu dia, yang telah kita rindukan selama sepuluh tahun, apakah masih akan ada orang yang merindukannya?

Hal sama berlaku untuk kehidupan Kristen kita. Jika kita benar-benar memiliki iman dan kasih Allah, kita akan mempunyai harapan yang tumbuh seiring waktu dan seiring iman kita tumbuh. Kita akan merindukan Tuhan semakin penuh kasih saat waktu berlalu. Mereka yang memiliki pengharapan akan Surga dengan begini tidak akan mengatakan bahwa hal itu sulit bahkan meskipun mereka mengambil jalan sempit di dunia ini, dan mereka tidak akan terpengaruh oleh setiap godaan. Dan ketika kita mencapai tujuan akhir kita, kerajaan surga, kita tidak akan membutuhkan iman dan pengharapan lagi. Tapi kasih masih tetap ada di surga selamanya, dan itulah sebabnya Alkitab mengatakan kasih adalah yang terbesar.

Kedua, kita dapat memiliki surga dengan iman, tetapi tanpa kasih, kita tidak bisa masuk ke tempat tinggal yang paling

indah, Yerusalem baru.

Kita dapat mengambil kerajaan surga dengan paksa sejauh mana kita bertindak dengan iman dan harapan. Sejauh mana kita hidup menurut Firman Allah, membuang dosa dan menanam hati yang indah, kita akan diberikan iman rohani, dan menurut ukuran iman rohani ini, kita akan diberikan tempat kediaman yang berbeda di surga: Firdaus, Kerajaan Surga pertama, Kerajaan Surga Kedua, Kerajaan Surga Ketiga, dan Yerusalem Baru.

Surga adalah bagi mereka yang memiliki iman hanya cukup untuk diselamatkan dengan menerima Yesus Kristus. Itu berarti mereka tidak melakukan apa pun bagi Kerajaan Allah. Kerajaan Surga Pertama adalah bagi mereka yang berusaha hidup menurut Firman Allah setelah menerima Yesus Kristus. Ini jauh lebih indah daripada Firdaus. Kerajaan Surga Kedua adalah bagi mereka yang berusaha hidup oleh Firman Allah setelah menerima Yesus Kristus. Kerajaan Surga Ketiga adalah bagi mereka yang mengasihi Allah hingga titik paling penuh dan telah membuang segala bentuk kejahatan untuk menjadi dikuduskan.

Yerusalem Baru adalah bagi mereka yang memiliki iman yang menyenangkan Allah dan telah setia dalam semua rumah Allah. Yerusalem Baru adalah tempat kediaman surgawi yang diberikan kepada anak-anak Allah yang telah menanam kasih yang sempurna dengan iman, dan itu adalah pengkristalan dari kasih. Pada kenyataannya, tidak seorang pun kecuali Yesus Kristus, Anak tunggal Allah yang memenuhi syarat untuk dapat memasuki Yerusalem Baru. Tetapi kita sebagai makhluk ciptaan dapat juga memenuhi syarat untuk masuk ke sana jika kita dibenarkan oleh darah Yesus Kristus dan memiliki iman yang sempurna.

Agar kita dapat menyerupai Tuhan dan tinggal di Yerusalem

baru, kita harus mengikuti jalan yang diambil Tuhan. Dengan jalan itu adalah kasih. Hanya dengan kasih ini kita dapat menghasilkan sembilan buah Roh Kudus dan ucapan-ucapan bahagia agar kita layak menjadi anak-anak sejati Allah yang memiliki karakter Tuhan. Setelah kita memenuhi syarat sebagai anak-anak sejati Allah, kita menerima apa pun yang kita minta di bumi ini dan kita akan memiliki hak istimewa untuk bisa berjalan dengan Tuhan selama-lamanya di surga. Oleh karena itu, kita bisa masuk ke surga ketika kita memiliki iman, dan kita dapat membuang dosa ketika kita memiliki pengharapan. Karena alasan inilah makan iman dan pengharapan diperlukan, namun kasih adalah yang terbesar karena kita dapat memasuki Yerusalem Baru hanya ketika kita memiliki kasih.

"Janganlah kamu berhutang apa-apa kepada siapapun juga, tetapi hendaklah kamu saling mengasihi.

Sebab barangsiapa mengasihi sesamanya manusia, ia sudah memenuhi hukum Taurat.

Karena firman, 'Jangan berzinah, jangan membunuh, jangan mencuri, jangan mengingini' dan firman lain manapun juga, sudah tersimpul dalam firman ini, yaitu, 'Kasihilah sesamamu manusia seperti dirimu sendiri.'

Kasih tidak berbuat jahat terhadap sesama manusia, karena itu kasih adalah kegenapan hukum Taurat."

Roma 13:8-10

Bagian 3

Kasih adalah Penggenapan Hukum Taurat

Bab 1 : **Kasih Allah**

Bab 2 : **Kasih Kristus**

Kasih Allah

*"Saudara-saudaraku yang kekasih,
marilah kita saling mengasihi,
sebab kasih itu berasal dari Allah;
dan setiap orang yang mengasihi,
lahir dari Allah dan mengenal Allah.
Barangsiapa tidak mengasihi,
ia tidak mengenal Allah,
sebab Allah adalah kasih."*

1 Yohanes 4:16

Ketika bekerja dengan orang Indian Quechua, Elliot mulai mempersiapkan untuk menjangkau suku India Huaorani yang terkenal suka menggunakan kekerasan. Dia dan empat misionaris lainnya, Ed McCully, Roger Youderian, Peter Fleming, dan pilot mereka Nate Saint, membuat kontak dari pesawat mereka dengan orang Indian Huaorani, menggunakan hadiah berupa sebuah speaker pengeras suara dan keranjang. Setelah beberapa bulan, orang-orang ini memutuskan untuk membangun pangkalan yang dekat dari suku Indian itu, di sepanjang Sungai Curaray. Di sana mereka didekati beberapa kali oleh kelompok-kelompok kecil orang Indian Huaorani, dan bahkan memberi tumpangan naik pesawat untuk seorang Huaorani penasaran yang mereka panggil "George" (nama aslinya adalah Naenkiwi). Didorong oleh pertemuan persahabatan ini, mereka mulai berencana untuk mengunjungi Huaorani, namun rencana mereka yang didahului oleh kedatangan kelompok Huaorani yang lebih besar, yang membunuh Elliot dan keempat sahabatnya pada 8 Januari 1956. Tubuh Elliot yang dimutilasi ditemukan di hilir sungai, bersama dengan semua laki-laki lain, kecuali Ed McCully.

Elliot dan teman-temannya langsung dikenal dunia sebagai para martir, dan Life Magazine menerbitkan sebuah artikel 10 halaman mengenai misi dan kematian mereka. Mereka yang mendapat dianggap memicu minat dalam misi-misi Kristen di kalangan pemuda pada zaman mereka, dan masih dianggap sebagai dorongan bagi para misionaris yang bekerja di seluruh dunia. Setelah kematian suaminya, Elisabeth Elliot dan misionaris lainnya mulai bekerja di antara orang-orang Indian Auca, mana mereka memiliki dampak yang mendalam dan memenangkan banyak jiwa. Banyak jiwa yang dimenangkan oleh kasih Allah.

"Janganlah kamu berhutang apa-apa kepada siapapun juga, tetapi hendaklah kamu saling mengasihi. Sebab barangsiapa mengasihi sesamanya manusia, ia sudah memenuhi hukum Taurat. Karena firman, 'Jangan berzinah, jangan membunuh, jangan mencuri, jangan mengingini' dan firman lain manapun juga, sudah tersimpul dalam firman ini, yaitu, 'Kasihilah sesamamu manusia seperti dirimu sendiri.' Kasih tidak berbuat jahat terhadap sesama manusia, karena itu kasih adalah kegenapan hukum Taurat" (Roma 13:8-10).

Tingkat tertinggi kasih di antara semua jenis kasih adalah kasih Allah terhadap kita. Penciptaan segala sesuatu dan manusia juga berasal dari kasih Allah.

Allah menciptakan segala sesuatu dan manusia karena kasih-Nya

Pada mulanya Allah menyimpan ruang besar alam semesta dalam Diri-Nya. Alam semesta ini adalah alam semesta yang berbeda dari alam semesta yang kita tahu hari ini. Ini adalah ruang yang tidak memiliki awal atau akhir atau batas. Semua perkara dilakukan menurut kehendak Allah dan apa yang Ia inginkan di dalam hati-Nya. Kemudian, jika Allah dapat melakukan apa saja yang diinginkannya, mengapa Ia menciptakan manusia?

Ia menginginkan anak-anak sejati dengan siapa Ia bisa berbagi keindahan dunia-Nya yang sedang Ia nikmati. Dia ingin berbagi ruang dimana semuanya dilakukan seperti yang diharapkan. Sama seperti pikiran manusia; kita ingin secara terbuka berbagi hal-hal yang baik dengan orang-orang yang kita kasihi. Dengan harapan ini, Allah merencanakan penanaman manusia untuk mendapatkan anak-anak sejati.

Sebagai langkah pertama, Ia membagi satu semesta menjadi alam jasmani dan alam rohani, dan menciptakan para penghuni surgawi dan malaikat, makhluk-makhluk rohani lain, dan semua hal lainnya yang diperlukan dalam alam rohani. Dia membuat ruang bagi Dia untuk tinggal serta kerajaan surga tempat anak-anak sejati-Nya akan tinggal, dan ruang bagi manusia untuk melalui penanaman manusia. Setelah berlalu waktu yang tidak terukur, Ia menciptakan bumi di alam jasmani, matahari, bulan, dan bintang-bintang, serta lingkungan alam, semua yang diperlukan manusia untuk hidup.

Ada banyak makhluk-makhluk rohani di sekitar Allah seperti malaikat, tetapi mereka taat tanpa syarat, mirip seperti robot. Mereka bukanlah makhluk dengan siapa Allah dapat berbagi kasih-Nya. Untuk alasan ini Allah menciptakan manusia menurut gambar-Nya untuk mendapatkan anak-anak sejati dengan siapa Ia bisa berbagi kasih-Nya. Jika memungkinkan untuk memiliki robot dengan wajah-wajah cantik yang bertindak persis seperti yang Anda inginkan, dapatkah mereka menggantikan anak-anak Anda sendiri? Meskipun anak-anak Anda mungkin tidak selalu mendengarkan, mereka masih akan lebih dinamis daripada robot tersebut karena mereka dapat merasakan kasih dan mengungkapkan kasih mereka bagi Anda. Sama halnya dengan Allah. Dia menginginkan anak-anak sejati dengan siapa Ia bisa berbagi hati-Nya. Dengan kasih ini, Allah menciptakan manusia pertama, dan ia adalah Adam.

Setelah Allah menciptakan Adam, Ia membuat taman di sebuah tempat bernama Eden ke arah Timur, dan membawanya ke sana. Taman Eden diberikan menurut pertimbangan Allah bagi Adam. Ini adalah tempat yang indah secara misterius di mana bunga dan pohon tumbuh dengan sangat baik dan hewan-hewan manis berkeliling. Taman itu memiliki buah-buahan yang berlimpah di mana-mana. Di sana ada angin yang terasa selembut sutra dan rumput yang membuat suara berbisik. Air berkilauan seperti permata yang berharga dengan pantulan cahayanya. Bahkan dengan imajinasi terbaik manusia, tidak ada orang yang dapat sepenuhnya mengungkapkan keindahan tempat itu.

Allah juga memberi Adam seorang penolong yang namanya Hawa. Ini bukan karena Adam dirinya merasa kesepian. Allah mengerti hati Adam terlebih dahulu karena Allah telah sendirian untuk waktu yang lama. Dalam kondisi hidup terbaik yang diberikan oleh Allah, Adam dan Hawa berjalan dengan Allah dan, untuk waktu yang sangat lama waktu, mereka menikmati kekuasaan yang besar sebagai tuan atas semua makhluk.

Allah menanam manusia untuk menjadikan mereka sebagai anak-anaknya yang sejati

Tetapi ada sesuatu yang tidak dimiliki Adam dan Hawa agar mereka mereka dapat menjadi anak-anak Allah yang benar. Meskipun Allah memberikan kepada mereka kasih-Nya sepenuhnya, mereka bisa tidak benar-benar merasakan kasih

Allah. Mereka menikmati segala sesuatu yang diberikan oleh Allah, tetapi tidak ada yang mereka terima dengan kerja atau diperoleh dengan usaha mereka. Dengan demikian, mereka tidak mengerti betapa berharganya kasih Allah itu, dan mereka tidak menghargai apa yang diberikan kepada mereka. Selain itu, mereka tidak pernah mengalami kematian atau kesedihan, dan mereka tidak tahu nilai kehidupan. Mereka tidak pernah mengalami kebencian, sehingga mereka tidak mengerti nilai sebenarnya dari kasih. Meskipun mereka mendengar dan mengetahui hal ini sebagai pengetahuan di kepala, mereka tidak bisa merasakan kasih sejati dalam hati mereka karena mereka tidak pernah mengalaminya langsung.

Alasan mengapa Adam dan Hawa makan dari pohon pengetahuan tentang yang baik dan yang jahat terletak di sini. Allah berkata, *"...pada hari engkau memakannya, pastilah engkau mati,"* tetapi mereka tidak tahu arti sepenuhnya dari kematian (Kejadian 2:17). Tidakkah Allah tahu bahwa mereka akan memakan buah dari pohon pengetahuan tentang yang baik dan yang jahat? Allah tahu. Dia sudah tahu dari semula, tetapi Ia masih memberikan kepada Adam dan Hawa kehendak bebas untuk mengambil pilihan ketaatan. Di sinilah terletak rencana pemeliharaan untuk penanaman manusia.

Melalui penanaman manusia, Allah ingin semua manusia mengalami air mata, kesedihan, sakit, kematian, dll, sehingga ketika mereka sampai ke Surga kemudian, mereka akan benar-benar merasakan betapa berharga dan pentingnya hal-hal surgawi itu, dan mereka akan dapat menikmati kebahagiaan sejati. Allah ingin berbagi kasih-Nya dengan mereka selamanya di surga, yang, tak bisa dibandingkan, jauh lebih indah dari Taman Eden sekalipun.

Setelah Adam dan Hawa melanggar firman Allah, mereka tidak bisa tinggal di Taman Eden lagi. Dan karena Adam juga kehilangan kekuasaan sebagai tuan atas semua makhluk, semua hewan dan tumbuhan juga dikutuk. Bumi dulu pernah berkelimpahan dan sangat indah, tetapi bumi juga dikutuk. Sekarang ia menghasilkan semak dan onak duri, dan mausia tidak bisa memanen apa pun tanpa bekerja keras sampai berkeringat di kening mereka.

Meskipun Adam dan Hawa tidak menaati Allah, Ia masih membuat pakaian dari kulit binatang bagi mereka dan mengenakannya kepada mereka, karena mereka akan harus hidup dalam lingkungan yang sama sekali berbeda (Kejadian 3:21). Hati Allah pastinya telah terbakar seperti orangtua yang harus mengirim anak-anak mereka pergi selama beberapa waktu untuk mempersiapkan masa depan mereka. Walaupun kasih Allah ini, segera setelah penanaman manusia dimulai, manusia diwarnai dengan dosa, dan mereka sangat cepat menjauhkan diri dari Allah.

Roma 1:21-23 mengatakan, *"Sebab sekalipun mereka mengenal Allah, mereka tidak memuliakan Dia sebagai Allah atau mengucap syukur kepada-Nya. Sebaliknya pikiran mereka menjadi sia-sia dan hati mereka yang bodoh menjadi gelap. Mereka berbuat seolah-olah mereka penuh hikmat, tetapi mereka telah menjadi bodoh. Mereka menggantikan kemuliaan Allah yang tidak fana dengan gambaran yang mirip dengan manusia yang fana, burung-burung, binatang-binatang yang berkaki empat atau binatang-binatang yang menjalar."*

Allah menunjukkan kepada kepada manusia berdosa ini pemeliharaan dan kasih-Nya melalui orang-orang pilihan, Israel. Di satu sisi, ketika mereka hidup oleh Firman Allah, Dia menunjukkan tanda-tanda dan keajaiban yang menakjubkan dan memberikan mereka berkat-berkat besar. Di sisi lain, ketika mereka pergi dari Allah, menyembah berhala, dan berbuat dosa, Allah mengutus banyak nabi untuk menyampaikan kasih-Nya.

Salah satu nabi tersebut adalah Hosea, yang aktif di era kegelapan setelah Israel dibagi menjadi Israel di utara dan Yehuda di selatan.

Pada suatu hari, Allah memberikan pesan khusus kepada Hosea denga mengatakan, *"Pergilah, kawinilah seorang perempuan sundal dan peranakkanlah anak-anak sundal"* (Hosea 1:2). Tidak bisa dibayangkan bagi seorang nabi saleh untuk menikah dengan perempuan sundal. Meskipun ia tidak sepenuhnya memahami tujuan Allah, Hosea menaati Firman-Nya dan mengambil seorang perempuan yang bernama Gomer sebagai istrinya.

Mereka melahirkan tiga orang anak, tapi Gomer pergi ke laki-laki lain yang mengikuti nafsunya. Namun demikian, Allah menyuruh Hosea mengasihi istrinya (Hosea 3:1). Hosea mencarinya dan membeli dia untuk sendiri sebanyak lima belas syikal perak dan satu setengah homer jelai.

Kasih Hosea kepada Gomer melambangkan kasih Allah yang diberikan kepada kita. Dan Gomer, perempuan sundal itu melambangkan semua orang yang ternoda oleh dosa. Sama seperti Hosea mengambil seorang perempuan sundal sebagai istrinya, Allah terlebih dahulu mengasihi kita yang telah ternoda oleh dosa-dosa di dunia ini.

Dia menunjukkan kasih-Nya yang tak berujung, berharap bahwa setiap orang akan berpaling dari jalan maut mereka dan menjadi anak-anak-Nya. Bahkan jika mereka berteman dengan dunia dan menjauhkan diri dari Allah untuk sementara waktu, Ia tidak akan mengatakan, "Kamu meninggalkan Aku dan Aku tidak bisa menerima kamu kembali lagi." Dia hanya ingin semua orang untuk kembali kepada-Nya dan Ia melakukannya dengan hati lebih sungguh-sungguh daripada orangtua yang menunggu agar anak-anak mereka yang lari dari rumah pulang kembali.

Allah mempersiapkan Yesus Kristus sejak sebelum permulaan waktu

Perumpamaan tentang anak yang hilang dalam Lukas 15 secara eksplisit menunjukkan hati Allah Bapa. Anak kedua yang menikmati kehidupan kaya sebagai seorang anak tidak memiliki hati yang bersyukur atas ayahnya dan juga tidak mengerti nilai dari jenis kehidupan yang ia jalani. Suatu hari ia meminta untuk uang warisannya di muka. Dia adalah tipikal anak manja yang meminta uang warisan sementara ayahnya masih hidup.

Ayahnya tidak bisa menghentikan anaknya, karena anaknya sama sekali tidak mengerti hati orangtuanya, dan akhirnya dia memberi anaknya uang warisan. Anak itu merasa bahagia dan ia pergi melakukan perjalanan. Rasa sakit sang ayah dimulai dari saat itu. Ia kuatir setengah mati dan berpikir seperti, "Bagaimana jika dia terluka? Bagaimana jika ia bertemu orang jahat?" Sang ayah bahkan tidak bisa cukup tidur karena khawatir tentang anaknya, melihat ke batas cakrawala berharap anaknya akan datang kembali.

Segera, uang si anak menjadi habis, dan orang-orang mulai menganiaya dirinya. Dia berada dalam situasi mengerikan sampai ia ingin mengisi perutnya yang kelaparan dengan kacang polong yang sedang dimakan, tapi tidak ada yang memberikan apa-apa kepadanya. Dia sekarang teringat rumah ayahnya. Ia kembali ke rumah, tapi dia sangat menyesal sehingga ia bisa tidak bahkan mengangkat kepalanya. Tetapi ayahnya berlari ke arahnya dan menciumnya. Sang ayah tidak menyalahkan dia untuk apa pun namun sebaliknya ia merasa begitu bahagia sehingga ia mengenakan pakaian yang terbaik pada anaknya itu dan membunuh anak lembu untuk mengadakan pesta baginya. Ini adalah kasih Allah.

Kasih Allah tidak diberikan hanya untuk orang-orang khusus pada saat khusus. 1 Timotius 2:4 berkata, *"[Allah] menghendaki supaya semua orang diselamatkan dan memperoleh pengetahuan akan kebenaran."* Dia membuat gerbang keselamatan terbuka sepanjang waktu, dan setiap kali jiwa datang kembali kepada Allah, Ia menyambut setiap jiwa dengan begitu banyak sukacita dan kebahagiaan.

Dengan kasih Allah yang tidak melepaskan kita sampai akhir, dengan cara yang dibuka untuk semua orang untuk menerima keselamatan. Ini karena Allah mempersiapkan Anak Tunggal-Nya Yesus Kristus. Seperti yang tertulis di dalam Ibrani 9:22, *"Dan hampir segala sesuatu disucikan menurut hukum Taurat dengan darah, dan tanpa penumpahan darah tidak ada pengampunan,"* Yesus membayar harga dosa yang harus dibayar oleh orang-orang berdosa, dengan darah-Nya dan nyawa-Nya sendiri.

1 Yohanes 4:9 membicarakan kasih Allah seperti tertulis, *"Dalam hal inilah kasih Allah dinyatakan di tengah-tengah kita, yaitu bahwa Allah telah mengutus Anak-Nya yang tunggal ke dalam dunia, supaya kita hidup oleh-Nya."* Allah membuat Yesus mencurahkan darah-Nya untuk menebus manusia dari segala dosa mereka. Yesus disalibkan, tetapi Ia mengalahkan maut dan dibangkitkan pada hari ketiga, karena Ia tidak memiliki dosa. Melalui ini dibukalah jalan keselamatan kita. Memberikan kepada kita Anak tunggal-Nya tidaklah semudah kedengarannya. Pepatah Korea berkata, "Orangtua tidak merasakan rasa sakit bahkan jika anak-anak mereka secara fisik diletakkan di mata mereka." Banyak orangtua merasa hidup bahwa hidup anak mereka lebih penting daripada kehidupan mereka sendiri.

Karena itu, Allah memberikan Anak tunggal-Nya, Yesus, menunjukkan kepada kita kasih yang tertinggi. Selain itu, Allah mempersiapkan kerajaan surga bagi orang-orang yang Ia peroleh kembali melalui darah Yesus Kristus. Betapa agungnya kasih ini! Dan namun, kasih Allah tidak berakhir di sini.

Allah memberikan kepada kita Roh Kudus untuk memimpin kita ke surga

Allah memberikan Roh Kudus sebagai karunia bagi mereka yang menerima Yesus Kristus dan menerima pengampunan dosa. Roh Kudus adalah hati Allah. Dari waktu kenaikan Tuhan, Allah mengutus penghibur, Roh Kudus ke dalam hati kita.

Roma 8:26-27 berkata, *"Demikian juga Roh membantu kita*

dalam kelemahan kita; sebab kita tidak tahu, bagaimana sebenarnya harus berdoa; tetapi Roh sendiri berdoa untuk kita kepada Allah dengan keluhan-keluhan yang tidak terucapkan. Dan Allah yang menyelidiki hati nurani, mengetahui maksud Roh itu, yaitu bahwa Ia, sesuai dengan kehendak Allah, berdoa untuk orang-orang kudus."

Ketika kita berbuat dosa, Roh Kudus membimbing kita untuk bertobat melalui erangan yang terlalu mendalam bagi kata-kata. Bagi mereka yang memiliki iman yang lemah, Ia memberikan iman; bagi mereka yang tidak memiliki pengharapan, Ia memberi pengharapan. Sama seperti ibu menghibur dengan lembut dan merawat anak-anaknya, Ia memberi kita suara-Nya sehingga kita tidak akan disakiti atau dirugikan dengan cara apa pun. Dengan begini Ia membuat kita tahu hati Allah yang mengasihi kita, dan Ia membawa kita ke dalam Kerajaan surga.

Jika kita memahami kasih ini secara mendalam, kita tidak bisa tidak pasti akan balas mengasihi Allah. Jika kita mengasihi Allah dengan hati kita, Ia membalas kasih kita dengan kasih yang besar dan luar biasa yang akan menguasai kita. Ia memberi kita kesehatan, dan Ia akan memberkati segala sesuatu agar berjalan baik bagi kita. Dia melakukan ini karena ini adalah hukum alam rohani, tetapi lebih penting lagi, itu karena Dia ingin kita untuk merasakan kasih-Nya melalui berkat-berkat yang kita terima dari-Nya. *"Aku mengasihi orang yang mengasihi aku, dan orang yang tekun mencari aku akan mendapatkan daku"* (Amsal 8:17).

Apa yang Anda rasakan ketika Anda pertama kali bertemu dengan Allah dan menerima kesembuhan atau solusi terhadap berbagai masalah? Anda pasti merasa bahwa Allah mengasihi bahkan seorang pendosa seperti Anda. Saya percaya kita harus mengakui dari hati kita, "Seandainya kita bisa menulis dengan tinta dari lautan, dan langit menjadi perkamennya, untuk kasih Allah di atas, lautan akan terkuras sampai kering." Juga, saya percaya Anda kewalahan oleh kasih Allah yang telah memberikan kepadamu surga kekal dimana tidak ada rasa khawatir, tidak ada kesedihan, tidak ada penyakit, tidak ada perpisahan, dan tidak ada kematian.

Kita tidak mengasihi Allah terlebih dulu. Allah pertama datang kepada kita dan mengulurkan tangan-Nya kepada kita. Dia tidak mengasihi kita karena kita pantas dikasihi. Allah mengasihi kita sebegitu besar sehingga Ia memberikan Anak Tunggal-Nya bagi kita yang berdosa dan ditentukan untuk mati. Ia mengasihi semua manusia, dan Ia peduli kepada kita dengan kasih yang lebih besar daripada setiap kasih ibu yang tidak bisa melupakan anak yang disusuinya (Yesaya 49:15). Dia menunggu kita seolah-olah seribu tahun adalah satu hari. Kasih Allah adalah kasih sejati yang tidak akan berubah bahkan dengan berlalunya waktu.

Ketika kita masuk ke surga nanti, rahang kita akan terkesima ke lantai saat melihat mahkota indah, kain lena yang bersinar, dan rumah-rumah surgawi yang dibangun dengan emas dan batu-batu mulia, yang telah Allah siapkan bagi kita. Dia memberi kita upah dan hadiah bahkan selama kehidupan duniawi kita di sini, dan Dia dengan tidak sabar menunggu hari untuk bersama dengan kita dalam kemuliaan-Nya yang kekal. Mari Kita Rasakan Kasih-Nya yang Besar.

Kasih Kristus

*"...dan hiduplah di dalam kasih,
sebagaimana Kristus Yesus juga telah mengasihi kamu
dan telah menyerahkan diri-Nya untuk kita sebagai
persembahan dan korban yang harum bagi Allah."*
Efesus 5:2

Kasih memiliki kekuatan besar untuk membuat hal-hal yang mustahil menjadi mungkin. Terutama, kasih Allah dan kasih Tuhan yang benar-benar menakjubkan. Hal ini bisa mengubah orang yang tidak kompeten yang tidak mampu secara efektif melakukan apa pun menjadi orang yang kompeten dan dapat melakukan apa saja. Ketika nelayan tidak berpendidikan, penagih cuki – yang pada waktu itu dianggap sebagai orang berdosa – orang miskin, janda, dan orang-orang yang diabaikan dunia, bertemu dengan Tuhan, kehidupan mereka benar-benar berubah. Kemiskinan dan penyakit mereka diselesaikan, dan mereka merasakan kasih sejati yang tidak pernah mereka rasakan sebelumnya. Mereka menganggap diri mereka tidak berharga, tetapi mereka dilahirkan kembali sebagai alat Allah yang mulia. Ini adalah kekuatan kasih.

Yesus datang ke dunia ini meninggalkan semua kemuliaan surgawi

Pada mulanya Allah adalah Firman dan Firman yang datang ke dunia ini dalam rupa manusia. Inilah Yesus, Anak tunggal Allah. Yesus datang ke dunia ini untuk menyelamatkan manusia yang terikat dosa dan akan menuju maut. Nama 'Yesus' berarti 'Dialah yang akan menyelamatkan umat-Nya dari dosa mereka' (Matius 1:21).

Semua orang yang tercoreng-dosa telah menjadi tidak berbeda dari hewan (Pengkhotbah 3:18). Yesus dilahirkan di sebuah kandang binatang untuk menebus orang-orang yang meninggalkan apa yang seharusnya mereka lakukan dan tidak lebih baik daripada hewan. Dia diletakkan di dalam palungan yang dimaksudkan untuk memberi makan binatang untuk menjadi makanan yang benar bagi manusia demikian (Yohanes 6:51). Ini untuk membuat manusia memulihkan gambar Allah yang hilang dan memungkinkan mereka untuk melakukan seluruh tugas mereka.

Juga, Matius 8:20 mengatakan, *"Serigala mempunyai liang dan burung mempunyai sarang, tetapi Anak Manusia tidak mempunyai tempat untuk meletakkan kepala-Nya."* Seperti dikatakan, Yesus tidak memiliki tempat untuk tidur, dan dia harus bermalam di ladang melalui dingin dan hujan. Dia pergi tanpa makanan dan sering kali merasa kelaparan. Ini bukan karena Ia tidak mampu. Itu adalah untuk menebus kita dari kemiskinan. 2 Korintus 8:9 mengatakan, *"Karena kamu telah mengenal kasih karunia Tuhan kita Yesus Kristus, bahwa Ia, yang oleh karena kamu menjadi miskin, sekalipun Ia kaya, supaya kamu menjadi kaya oleh karena kemiskinan-Nya."*

Yesus memulai pelayanan-Nya dengan tanda membuat anggur dari air di pesta pernikahan dari Cana. Ia memberitakan kerajaan Allah dan melakukan banyak tanda-tanda dan mukjizat di daerah Yudea dan Galilea. Banyak orang berpenyakit kusta disembuhkan, yang lumpuh jadi berjalan dan melompat, dan orang-orang yang menderita kerasukan setan telah dibebaskan dari kuasa kegelapan. Bahkan orang yang telah mati selama empat hari dan berbau busuk keluar dari kuburan dalam keadaan hidup (Yohanes 11).

Yesus menyatakan hal-hal menakjubkan selama pelayanan-Nya di bumi ini untuk membuat orang-orang menyadari kasih Allah. Selain itu, karena Ia berasal satu dari Allah dan merupakan

Firman itu sendiri, Ia memelihara Hukum Taurat sepenuhnya untuk memberi contoh sempurna bagi kita. Juga, hanya karena dia memelihara seluruh Hukum Taurat, Ia tidak mengutuk mereka yang melanggar Hukum dan harus dihukum mati. Dia hanya mengajarkan orang-orang kebenaran agar satu lagi saja jiwa akan bertobat dan menerima keselamatan.

Jika Yesus telah mengukur setiap orang dengan ketat menurut Hukum, tidak ada yang akan dapat menerima keselamatan. Hukum adalah perintah-perintah Allah yang menyuruh kita untuk melakukan, jangan melakukan, membuang, dan memelihara hal-hal tertentu. Sebagai contoh, ada perintah seperti, 'jagalah kekudusan hari Sabat; jangan mengingini rumah sesamamu; hormatilah orangtuamu; dan buanglah segala bentuk kejahatan'. Tujuan utama dari semua hukum adalah kasih. Jika Anda menyimpan semua ketetapan dan hukum, Anda dapat melakukan kasih, setidaknya di bagian luar.

Tapi apa yang Allah inginkan bagi kita tidak hanya untuk menaati hukum Taurat melalui tindakan kita. Dia ingin kita untuk melakukan Hukum dengan kasih dari hati kita. Yesus sangat tahu hati Allah ini dan menggenapi Hukum dengan kasih. Salah satu contoh terbaik adalah kasus wanita yang tertangkap dalam tindakan melakukan perzinahan (Yohanes 8). Suatu hari, orang Farisi membawa wanita yang tertangkap sedang berzina, menempatkan dia di tengah orang banyak dan bertanya kepada Yesus: *"Musa dalam hukum Taurat memerintahkan kita untuk melempari perempuan-perempuan yang demikian. Apakah pendapat-Mu tentang hal itu?"* (Yohanes 8:5).

Mereka mengatakan ini sehingga mereka dapat menemukan

alasan untuk membawa tuduhan terhadap Yesus. Menurut Anda apa yang dirasakan si wanita saat itu? Dia pasti sangat malu bahwa dosanya terungkap di depan semua orang, dan ia pasti menjadi gemetar ketakutan karena dia akan dirajam sampai mati. Jika Yesus berkata, "Rajam dia," maka hidupnya akan berakhir dihantam begitu banyak batu-batu yang dilemparkan kepadanya.

Namun Yesus tidak menyuruh mereka untuk menghukum dia menurut Hukum Taurat. Sebaliknya, Ia menunduk dan mulai menulis sesuatu di tanah dengan jari-Nya. Ini adalah nama-nama dosa yang sama dilakukan oleh orang-orang yang hadir di situ. Kemudian, Ia bangkit berdiri dan berkata, *"Barangsiapa di antara kamu tidak berdosa, hendaklah ia yang pertama melemparkan batu kepada perempuan itu"* (ay. 7). Kemudian, Ia membungkuk sekali lagi dan mulai menulis sesuatu.

Kali ini, ia menuliskan dosa masing-masing orang, seolah-olah Ia telah melihat mereka, kapan, di mana, dan bagaimana mereka masing-masing melakukan dosa mereka. Mereka yang tertegur hati nuraninya pergi meninggalkan tempat itu satu per satu. Akhirnya, hanya ada Yesus dan wanita itu. Ayat-ayat 10 dan 11 berikut mengatakan, *"Lalu Yesus bangkit berdiri dan berkata kepadanya, 'Hai perempuan, di manakah mereka? Tidak adakah seorang yang menghukum engkau?' Jawabnya: 'Tidak ada, Tuhan.' Lalu kata Yesus: 'Akupun tidak menghukum engkau. Pergilah. dan jangan berbuat dosa lagi mulai dari sekarang.'"*

Tidakkah wanita itu tahu bahwa hukuman untuk perzinahan adalah dirajam sampai mati? Tentu saja dia tahu. Dia tahu Hukum tetapi dia melakukan dosa karena ia tidak bisa mengalahkan nafsunya. Dia hanya menunggu untuk dihukum mati karena dosanya telah dinyatakan, dan saat dia tiba-tiba mengalami pengampunan Yesus, seberapa dalam ia tergerak! Selama dia mengingat kasih Yesus, dia tidak akan pernah berbuat dosa lagi.

Karena Yesus dengan kasih-Nya mengampuni wanita yang melanggar hukum itu, apakah Hukum menjadi usang selama kita memiliki kasih bagi Allah dan sesama kita? Tidak demikian. Yesus berkata, *"Janganlah kamu menyangka, bahwa Aku datang untuk meniadakan hukum Taurat atau kitab para nabi. Aku datang bukan untuk meniadakannya, melainkan untuk menggenapinya"* (Matius 5:17).

Kita bisa melakukan kehendak Allah secara lebih sempurna karena kita memiliki hukum. Jika seseorang hanya mengatakan bahwa ia mengasihi Allah, kita tidak dapat mengukur seberapa jauh dan luas kasihnya itu. Namun, ukuran kasihnya dapat diperiksa karena kita memiliki Hukum. Jika dia sangat mengasihi Allah dengan segenap hatinya, ia pasti akan memelihara Hukum Taurat. Untuk orang tersebut, tidaklah sulit untuk memelihara Hukum. Selain itu, sejauh mana ia menuruti hukum dengan benar, ia akan menerima kasih dan berkat-berkat Allah.

Tetapi kaum legalis pada masa Yesus tidak tertarik pada kasih Allah yang terkandung dalam Hukum. Mereka tidak berfokus untuk membuat hati mereka kudus, tetapi hanya dalam menjaga formalitas. Mereka puas dan bahkan bangga karena memelihara hukum secara lahiriah. Mereka menganggap mereka yang memelihara Hukum Taurat, dan dengan demikian mereka cepat menghakimi dan mengutuk orang yang melanggar Hukum. Ketika Yesus menjelaskan arti sebenarnya yang terkandung dalam Hukum Taurat dan mengajar tentang hati Allah, mereka mengatakan Yesus salah dan kerasukan.

Karena orang-orang Farisi tidak memiliki kasih, memelihara hukum secara menyeluruh itu tidak berguna bagi jiwa mereka sama sekali (1 Korintus 13:1-3). Mereka tidak membuang kejahatan jahat di dalam hati mereka, tetapi hanya melontarkan penghakiman dan penghukuman kepada orang lain, dengan demikian menjauhkan diri dari Allah. Akhirnya, mereka melakukan dosa menyalibkan anak Allah, yang tidak bisa dicabut.

Yesus menggenapi pemeliharaan salib dengan taat sampai mati

Menjelang akhir dari tiga tahun pelayanan-Nya, Yesus pergi ke Bukit Zaitun sesaat sebelum penderitaan-Nya dimulai. Ketika malam semakin lebih pekat, Yesus berdoa dengan sungguh-sungguh menghadapi penyaliban di depan-Nya. Doa-Nya adalah seruan untuk menyelamatkan semua jiwa-jiwa melalui darah-Nya yang sepenuhnya tidak berdosa. Itu adalah doa untuk meminta kekuatan untuk mengatasi penderitaan salib. Dia berdoa sangat kuat; dan peluh-Nya menjadi seperti tetes darah, jatuh bertetesan ke tanah (Lukas 22:42-44).

Pada malam itu, Yesus ditangkap oleh tentara dan dibawa dari tempat ke tempat lain untuk diinterogasi. Akhirnya ia menerima hukuman mati di pengadilan Pilatus. Tentara Romawi menaruh duri di kepalanya, meludahi dirinya, dan memukuli Dia sebelum mereka membawanya ke tempat eksekusi (Matius 27:28-31).

Tubuh-Nya berlumuran darah. Dia diejek dan dicambuk sepanjang malam, dan dengan tubuh seperti ini Ia naik ke Golgota menggotong kayu salib. Kerumunan besar mengikutinya. Dulu mereka menyambut Dia dengan berseru "Hosana" tetapi kini mereka menjadi kerumunan jahat yang berteriak, "Salibkan Dia!" Wajah Yesus berlumuran darah sangat banyak sehingga tidak bisa dikenali. Seluruh kekuatannya habis karena nyeri yang ditimbulkan dari siksaan dan sangat sulit bagi-Nya untuk mengambil satu saja langkah maju.

Setelah mencapai Golgota, Yesus disalibkan untuk menebus kita dari dosa-dosa kita. Untuk menebus kita, yang berada di bawah kutuk Hukum Taurat yang mengatakan bahwa upah dosa ialah maut (Roma 6:23), Dia tergantung di kayu salib dan mencurahkan semua darah-Nya. Ia mengampuni dosa-dosa yang kita lakukan dalam pikiran kita dengan mengenakan duri di kepala-Nya. Dia dipaku pada tangan dan kakinya untuk mengampuni kita dari segala dosa yang kita lakukan dengan tangan dan kaki kita.

Orang-orang bodoh yang tidak tahu fakta ini mengejek dan menghina Yesus yang digantung pada kayu salib (Lukas 23:35-37). Tetapi bahkan dalam rasa sakit luar biasa, Yesus berdoa bagi pengampunan untuk mereka yang telah menyalibkan Dia seperti yang tercatat dalam Lukas 23:34, *"Ya Bapa, ampunilah mereka, sebab mereka tidak tahu apa yang mereka perbuat."*

Penyaliban adalah salah satu metode eksekusi yang paling kejam dari semuanya. Terhukum harus menderita sakit untuk waktu yang relatif lebih lama daripada hukuman lain. Tangan dan kakinya dipakukan sampai tembu, dan dagingnya robek. Ada dehidrasi berat dan gangguan dalam peredaran darah. Hal ini menyebabkan kerusakan secara lambat dalam fungsi organ-organ internal. Orang yang sedang dieksekusi juga harus menderita rasa sakit yang datang dari serangga yang hinggap padanya karena mencium bau darah.

Menurut Anda apa yang Yesus pikirkan saat di kayu salib? Bukanlah rasa sakit luar biasa pada tubuh-Nya. Tetapi sebaliknya Ia memikirkan alasan kenapa Allah menciptakan manusia, makna dalam penanaman manusia di bumi ini, dan alasan mengapa Ia harus mengorbankan Diri-Nya sebagai pendamaian atas dosa manusia, dan Ia mempersembahkan doa ucapan syukur yang menyentuh.

Setelah Yesus menderita rasa sakit selama enam jam di salib, dia berkata, *"Aku Haus"* (Yohanes 19:28). Itu adalah kehausan rohani, yang merupakan rasa haus untuk memenangkan jiwa-jiwa yang sedang menuju jalan maut. Dengan memikirkan jiwa-jiwa yang tak terhitung jumlahnya yang akan hidup di bumi ini di masa depan, Ia meminta kita untuk menyampaikan pesan di kayu salib dan menyelamatkan jiwa-jiwa.

Yesus akhirnya berkata, *"Sudah selesai!"* (Yohanes 19:30) dan kemudian menghembuskan nafasnya yang terakhir setelah mengatakan *"Bapa, kedalam tanganmu Kuserahkan Roh-Ku"* (Lukas 23:46). Dia menyerahkan Roh-Nya ke dalam tangan Allah karena Ia telah menyelesaikan tugas-Nya untuk membuka jalan keselamatan bagi semua manusia dengan menjadi pendamaian Sendiri. Itu adalah saat ketika tindakan kasih terbesar digenapi.

Sejak saat itu, tembok dosa yang menghalangi antara Allah dan kita sudah diruntuhkan, dan kita telah dapat berkomunikasi dengan Allah secara langsung. Sebelum itu, imam besar harus mempersembahkan korban untuk pengampunan dosa atas nama rakyat, tetapi kini tidak lagi. Siapa saja yang percaya kepada Yesus Kristus dapat masuk ke dalam ruang kudus Allah dan menyembah Allah secara langsung.

Yesus Mempersiapkan Tempat Tinggal Surgawi dengan Kasih

Sebelum Ia memikul salib, Yesus mengatakan kepada murid-muridnya tentang hal-hal yang akan datang. Ia memberi tahu mereka bahwa Ia harus memikul Salib untuk menggenapi rencana pemeliharaan Allah Bapa, tetapi murid-muridnya masih khawatir. Sekarang Ia menjelaskan kepada mereka tentang tempat kediaman surgawi untuk menghibur mereka.

Yohanes 14:1-3 berkata, *"Janganlah gelisah hatimu; percayalah kepada Allah, percayalah juga kepada-Ku. Di rumah Bapa-Ku banyak tempat tinggal. Jika tidak demikian, tentu Aku mengatakannya kepadamu. Sebab Aku pergi ke situ untuk menyediakan tempat bagimu. Dan apabila Aku telah pergi ke situ dan telah menyediakan tempat bagimu, Aku akan datang kembali dan membawa kamu ke tempat-Ku, supaya di tempat di mana Aku berada, kamupun berada."* Malahan, Ia mengalahkan maut dan dibangkitkan, lau naik ke Surga dalam pandangan banyak orang. Itu dilakukan supaya Ia dapat mempersiapkan tempat tinggal surgawi bagi kita. Sekarang, apakah yang dimaksud dengan 'Aku pergi ke situ untuk menyediakan tempat bagimu'?

1 Yohanes 2:2 mengatakan, *"... Dan Ia adalah pendamaian untuk segala dosa kita, dan bukan untuk dosa kita saja, tetapi*

juga untuk dosa seluruh dunia." Seperti dikatakan, itu berarti siapa pun dapat memiliki Surga dengan iman, sebab Yesus telah menghancurkan tembok dosa antara kita dan Allah.

Juga, Yesus berkata, "Di dalam rumah Bapa-Ku ada banyak tempat tinggal," dan memberitahu kita bahwa Dia ingin agar semua orang menerima keselamatan. Dia tidak mengatakan ada banyak tempat tinggal di 'Surga' tapi 'dalam rumah Bapa-Ku', karena kita dapat memanggil Allah, 'Abba, Bapa' melalui pekerjaan darah Yesus.

Tuhan masih jadi pendamai bagi kita tanpa henti. Dia sungguh-sungguh berdoa di hadapan takhta Allah tanpa makan atau minum (Matius 26:29). Dia berdoa agar kita akan memperoleh kemenangan dalam penanaman manusia di bumi ini dan mengungkapkan kemuliaan Allah dengan membuat jiwa kita sejahtera.

Selanjutnya, saat Pengadilan Takhta Putih Besar berlangsung setelah penanaman manusia selesai, Ia masih akan bekerja bagi kita. Di pengadilan setiap orang akan diadili tanpa kesalahan sedikit pun untuk segalanya sesuatu yang telah dilakukan masing-masing. Tetapi Tuhan akan menjadi pembela bagi anak-anak Allah dan memohon dengan berkata, "Aku membasuh dosa-dosa mereka dengan darah-Ku," sehingga mereka dapat menerima tempat tinggal yang lebih baik dan upah di surga. Karena Ia datang ke dunia ini dan merasakan langsung segala sesuatu yang manusia lalui, Ia akan berbicara untuk manusia denga bertindak seperti seorang pengacara pembela. Bagaimana kita bisa memahami kasih Kristus sepenuhnya?

Allah memberitahu kita kasih-Nya kepada kita melalui

mengaruniakan Anak-Nya Yesus Kristus. Kasih ini adalah kasih yang bahkan tidak disayangan oleh Yesus dengan menumpahkan tetes darah terakhir-Nya bagi kita. Itu adalah kasih tanpa syarat dan tidak berubah yang dengannya Ia akan mengampuni tujuh puluh kali tujuh. Siapa dapat memisahkan kita dari kasih ini?

Dalam Roma 8:38-39, Rasul Paulus menyatakan, *"Sebab aku yakin, bahwa baik maut, maupun hidup, baik malaikat-malaikat, maupun pemerintah-pemerintah, baik yang ada sekarang, maupun yang akan datang, atau kuasa-kuasa, baik yang di atas, maupun yang di bawah, ataupun sesuatu makhluk lain, tidak akan dapat memisahkan kita dari kasih Allah, yang ada dalam Kristus Yesus, Tuhan kita."*

Paulus menyadari inilah kasih Allah dan kasih Kristus, dan dia menyerahkan hidupnya sepenuhnya menaati kehendak Allah dan hidup sebagai seorang Rasul. Selain itu, ia tidak menyayangkan hidupnya untuk menginjili orang bukan Yahudi. Ia melakukan kasih Allah yang membawa jiwa-jiwa yang tak terhitung jumlahnya masuk ke jalan keselamatan.

Meskipun ia disebut 'pemimpin dalam sekte Nazaret', Paulus mendedikasikan seluruh hidupnya sebagai seorang pengkhotbah. Ia menyebarkan ke seluruh dunia kasih Allah dan kasih Tuhan yang lebih dalam dan lebih luas daripada ukuran apa pun. Saya berdoa dalam nama Allah bahwa Anda akan menjadi anak-anak sejati Allah yang memenuhi Hukum dengan kasih dan selamanya tinggal di tempat tinggal surgawi paling indah di Yerusalem baru, berbagi kasih Allah dan kasih Kristus bersama-sama.

Penulis:
Dr. Jaerock Lee

Dr. Jaerock Lee dilahirkan di Muan, Propinsi Jeonnam, Republik Korea, pada tahun 1943. Pada umur dua puluhan, Dr. Lee menderita berbagai penyakit yang tidak tersembuhkan selama tujuh tahun dan menunggu kematian tanpa ada harapan untuk pulih. Pada suatu hari di musim semi tahun 1974, ia dibawa ke gereja oleh saudara perempuannya dan saat ia berlutut untuk berdoa, Allah yang Hidup menyembuhkannya dari semua penyakit.

Mulai saat itu Dr. Lee bertemu dengan Allah yang Hidup melalui pengalaman yang menakjubkan itu, ia telah mengasihi Allah dengan segenap hati dan keikhlasan, dan pada tahun 1978 ia dipanggil untuk menjadi pelayan Allah. Ia berdoa dengan sangat tekun dengan doa puasa sehingga ia dapat memahami kehendak Allah dan melakukan sepenuhnya, dan menaati semua Firman Allah. Pada tahun 1982, ia mendirikan Gereja Pusat Manmin di Seoul, Korea, dan tidak terhitung banyaknya pekerjaan Allah, termasuk penyembuhan mukjizat dan keajaiban, telah terjadi di gerejanya.

Pada tahun 1986, Dr. Lee ditahbiskan sebagai pendeta pada Pertemuan Tahunan dari Gereja Sungkyul Yesus di Korea, dan empat tahun kemudian yaitu pada tahun 1990, khotbahnya mulai disiarkan ke Australia, Rusia, Filipina, dan banyak negara lain melalui Far East Broadcasting Company, Asia Broadcast Station, dan Washington Christian Radio System.

Tiga tahun kemudian yaitu pada tahun 1993, Gereja Pusat Manmin dipilih sebagai satu dari "50 Gereja Terkemuka Dunia" oleh majalah *Christian World* (AS) dan ia menerima Doktor Kehormatan Teologia dari Christian Faith College, Florida, AS, dan pada tahun 1996 sebuah gelar Ph.D dalam Pelayanan dari Kingsway Theological Seminary, Iowa, AS.

Sejak tahun 1993, Dr. Lee telah memimpin misi dunia melalui banyak Kebaktian Kebangunan Rohani (KKR) luar negeri di Tanzania, Argentina, L.A., Baltimore City, Hawaii, dan New York di Amerika Serikat, Uganda, Jepang, Pakistan, Kenya, Filipina, Honduras, India, Rusia, Jerman, Peru, Republik Demokrasi Kongo, Israel dan Estonia.

Pada tahun 2002, ia disebut "pembangun rohani seluruh dunia" oleh koran-koran Kristen utama di Korea untuk pekerjaannya dalam berbagai KKR di luar negeri. Khususnya, "KKR New York tahun 2006" yang dia adakan di Madison Square Garden, arena yang sangat terkenal di dunia, disiarkan ke 220 negara, dan juga "KKR Israel Bersatu tahun 2009" yang diadakan di International Convention Center di Yerusalem di mana dia dengan tegas memproklamirkan bahwa Yesus Kristus adalah Mesias dan Juru Selamat. Kotbahnya disiarkan ke 176 negara via satelit termasuk GCN TV dan dia dimasukkan dalam daftar Top 10 Pemimpin Kristen Paling Berpengaruh pada tahun 2009 dan 2010 oleh majalah populer Rusia *In Victory* dan agensi *Christian Telegraph* karena pelayanan siaran TV dan pelayanan penggembalaan gereja luar negerinya yang berkuasa.

Pada bulan Februari 2018, Gereja Manmin Pusat memiliki kongregasi dengan jumlah jemaat lebih dari 130.000 orang. Ada 11.000 gereja cabang di seluruh dunia termasuk 53 gereja cabang domestic dan lebih 102 misionaris telah dikirim ke 23 negara, termasuk Amerika Serikat, Rusia, Jerman, Kanada, Jepang, Cina, Prancis, India, Kenya, dan banyak lagi.

Pada saat penerbitan buku ini, Dr. Lee telah menulis 110 buku, termasuk buku laris *Merasakan Kehidupan Kekal Sebelum Kematian, Hidupku Imanku I & II, Pesan Salib, Ukuran Iman, Surga I & II, Neraka*, dan *Kuasa Allah*. Tulisan-tulisannya telah diterjemahkan ke dalam lebih dari 76 bahasa.

Kolom-kolom Kristennya diterbitkan di *Hankook Ilbo, The JoongAng Daily, The Chosun Ilbo, The Dong-A Ilbo, The Seoul Shinmun, The Kyunghyang Shinmun, The Korea Economic Daily, The Shisa News,* dan *The Christian Press.*

Saat ini Dr. Lee adalah pemimpin dari banyak organisasi dan asosiasi misi: Termasuk Komisaris dari The United Holiness Church Jesus Christ, Presiden Tetap dari Word Christianity Revival Mission; Pendiri dan Ketua Dewan Komisaris dari Global Christian Network (GCN), Pendiri dan Ketua Dewan Komisaris dari The World Christian Doctors Network (WCDN), serta Pendiri dan Ketua Dewan Komisaris dari Manmin International Seminary (MIS).

Buku-buku penuh kuasa lainnya dari penulis yang sama

Sorga I & II

Sketsa mendetil tentang indahnya lingkungan hidup yang dinikmati oleh warga sorga pada tingkat kelima kerajaan sorga.

Pesan Salib

Pesan kebangunan penuh kuasa bagi semua orang yang tertidur secara rohani Di dalam buku ini Anda akan menemukan kasih sejati Allah dan mengapa Yesus menjadi satu-satunya Juru Selamat.

Neraka

Sebuah pesan yang sungguh-sungguh kepada seluruh umat manusia dari Allah yang tidak ingin satu jiwa pun jatuh ke kedalaman neraka! Anda akan menemukan penjelasan yang belum pernah terungkap sebelumnya mengenai kenyataan kejam tentang Hades dan neraka.

Roh, Jiwa, dan Tubuh I & II

Sebuah buku panduan yang memberi kita pengertian rohani tentang roh, jiwa, dan tubuh dan membantu kita mencaritahu 'diri' seperti apa yang telah kita buat supaya kita dapat memperoleh kuasa untuk mengalahkan kegelapan dan menjadi manusia rohani.

Ukuran Iman

Tempat tinggal seperti apakah, serta mahkota dan upah yang bagaimana yang disediakan bagi Anda di surga? Buku ini memberikan dengan hikmat dan bimbingan bagi Anda untuk mengukur iman Anda dan menanam iman yang terbaik dan paling dewasa.

Bangunlah, Israel!

Mengapa Allah menujukan mata-Nya kepada Israel mulai sejak permulaan dunia sampai hari ini? Apa saja jenis pemeliharaan-Nya yang telah disiapkan untuk Israel di hari-hari terakhir tersebut, yang menantikan akan Mesias?

Hidupku, Imanku I & II

Sebuah aroma spriritual yang menarik dari kehidupan yang mekar dengan kasih tak ada bandingannya kepada Allah, di tengah-tengah gelombang kegelapan, kuk yang dingin dan keputusasaan yang terdalam.

Kuasa Allah

Sebuah bacaan wajib yang menjadi panduan penting tentang bagaimana seseorang dapat memiliki iman sejati dan mengalami kuasa Allah yang ajaib.

www.urimbooks.com

www.ingramcontent.com/pod-product-compliance
Lightning Source LLC
LaVergne TN
LVHW041800060526
838201LV00046B/1070